# CAPITALISM
# A GHOST STORY

이 도서의 국립중앙도서관 출판예정도서목록(CIP)은 서지정보유통지원시스템 홈페이지(http://seoji.nl.go.kr)와 국가자료공동목록시스템(http://www.nl.go.kr/kolisnet)에서 이용하실 수 있습니다.(CIP제어번호: CIP2017034002)

# 자본주의: 유령 이야기

# CAPITALISM A GHOST STORY

아룬다티 로이 ARUNDHATI ROY 지음
김지선 옮김

문학동네

# 차 례

# 판사들[1]

**파블로 네루다**

네 피가 묻는다
어찌해 부자들과 법은 날실과 씨실이 되어
유황과 쇠의 옷감을 짰는가
어찌해 가난한 자는 거듭 심판대에 세워졌는가

젖 대신 돌과 슬픔을 빨며 자란 가난한 아이들에게
땅은 또 어찌 그리 떫어졌는가
그러니, 나 이 문장 앞을 떠나지 않으련다
내 이마에 쓰인 그들 삶의 이야기를

일러두기

1. 본문의 각주는 모두 옮긴이 주다.
2. 원서에서 이탤릭으로 강조된 부분은 고딕으로 표기했다.
3. 외래어 표기는 기본적으로 국립국어원의 외래어 표기법을 따랐다. 외래어표기법이 제시되지 않은 단어들은 국내 매체에서 통용되는 사례를 참고했다.

들어가며

# 대통령이 경례를 받았다

장관은 사람들이 마을을 떠나 도시로 가야 한다고, 그게 인도를 위하는 길이라고 말한다. 장관은 하버드 졸업생이다. 장관은 속도를 원한다. 또한 숫자를 원한다. 5억 명에 달하는 주민들의 이주는 좋은 비즈니스 모델이 되리라.

빈민이 도시로 밀려든다는 생각에 모두가 흡족해하는 것은 아니다. 뭄바이의 한 판사는 슬럼가 주민들을 도시의 소매치기들이라고 불렀다. 또다른 판사는 무허가 판자촌을 불도저로 밀어버려야 한다며, 도시에 살 형편이 안 되는 사람들이 도시에 살아서는 안 된다고 말했다.

쫓겨났던 사람들이 원래 살던 마을로 돌아가보니, 그곳은 이미 거대한 댐과 채석장의 흙먼지 구덩이 아래로 사라지고 없었다. 고향에 들어앉은 것은 굶주림, 그리고 경찰이었다. 숲은 무장한 게릴라들로 가득 차 있다. 카슈미르, 나갈랜드, 마니푸르 등 변경에서 일어난 전쟁들이 어느새 인도의 심장부로 옮겨와 있었다. 사람들은 먼지투성이 공사판의 우리 같은 집과 길거리의 삶이 기다리는 도시로 다시 발길을 돌렸다. 이 넓디넓은 나라에서 자신들이 살 구석은 어디쯤 있을지 궁금해하면서.

장관•은 도시 이주민들이 대체로 범죄자들이며 "현대 도시에서는 용납될 수 없는 태도를 지녔다"[1]고 말했다. 중산층은 장관의 직설에, 눈치보며 돌려 말하지 않는 대담함에 감탄했다. 장관은 경찰서를 늘리고, 경관을 더 모집하고, 법과 질서를 바로세우기 위해 순찰차를 더 많이 내보내겠노라고 했다.

• 당시 내무장관이었던 팔라니아판 치담바람.

영연방경기대회●를 앞두고 델리의 환경을 미화한다는 명목하에 통과된 법은 빈민을 빨랫감의 얼룩인 양 지워버렸다. 노점상들은 자취를 감췄고 인력거꾼은 면허를 빼앗겼으며 구멍가게와 소형업체들은 강제로 문을 닫아야 했다. 걸인들은 체포되어 이동재판소에서 이동치안판사들에게 즉결심판을 받고 시 경계선 밖으로 쫓겨났다. 남아 있는 슬럼가는 "델리는 여러분의 것"이라고 쓰인 비닐 광고판들로 가려졌다.

더 잘 무장하고, 더 좋은 옷을 입고, 아무리 가려워도 공공장소에서 국부를 긁지 않도록 훈련받은 신생 경찰대가 거리를 순찰했다. 온 사방의 카메라들이 온 사방을 녹화하고 있었다.

*

현대 도시에서 용납될 수 없는 태도를 지닌 두 어린 범죄자가 경찰의 촘촘한 감시망을 뚫고 교차로에 정지해 있

● 4년마다 개최되는 영연방 국가들의 종합 스포츠대회.

던 번쩍이는 차에 접근했다. 가죽으로 된 운전석 시트에는 선글라스를 쓴 여자가 앉아 있었다. 그들은 수치심도 없이 돈을 요구했다. 둘 다 키가 차창 높이에 닿을락 말락 했다. 이름은 각각 룩미니와 캄리였다. 아니면 메루니사와 샤바노였을 수도 있다(누가 관심이나 있을까마는). 여자는 부자인데 착하기까지 했다. 돈을 건네며 엄마 같은 조언도 몇 마디 함께 건넸다. 캄리(또는 샤바노)의 손에 쥐어진 돈은 10루피였다. "나눠 가지렴." 운전자는 그렇게 말하고 신호등이 바뀌자마자 속도를 높여 사라졌다.

룩미니와 캄리(또는 메루니사와 샤바노)는 검투사마냥, 또는 교도소 앞마당의 종신범들마냥 사납게 서로를 공격했다. 자칫하면 한순간에 그들을 납작 뭉개버릴 미끈한 차들이 번개같이 쌩쌩 지나가면서 거울처럼 반짝이는 문짝으로 그들의 전투, 그들의 목숨 건 싸움을 비췄다.

마침내 두 여자아이도 흔적도 없이 사라졌다. 다른 수천 명의 델리 아이들이 그랬듯이.

대회는 성황리에 막을 내렸다.

*

그로부터 두 달 후인 공화국의 날• 62주년 기념일, 군은 퍼레이드에서 신형 무기들을 과시했다. 미사일 발사 시스템, 러시아제 다중포신 로켓 발사기, 전투기, 경량 헬리콥터, 그리고 해군용 수중병기 들이었다. 신형 T-90 전투 탱크 이름은 비슈마•• 였다(구형은 아르준이었다). 최신형 중어뢰의 이름은 바루나스트라, 적의 어뢰를 유인하는 교란 시스템은 마리치였다(카슈미르의 꽁꽁 얼어붙은 골목들을 순찰하는 무장 순찰차에 도색된 이름들은 하누만과 바즈라였다). 모두 『바가바드 기타』『라마야나』 그리고 『마하바라타』에서 따온 이름들이지만 우연일 뿐이니 따지지 말자. 대담한 육군 통신대원들은 오토바이로 로켓 대형을 만들어 달렸다. 새의 편대 비행을 흉내내는 대열이 그 뒤를 따랐고 마지막 대열은 인간 피라미드였다.

• 인도 헌법이 발포되고 공화국이 된 1950년 1월 26일을 기념하는 날.
•• 비슈마는 인도 고대 서사시 『마하바라타』의 등장인물로 활의 명수이자 뛰어난 전사의 이름이다. 아르준 역시 같은 서사시에 등장하는 명사수의 이름이다. 바루나스트라는 힌두 신화에서 서쪽을 지키며 물(바다)을 다스리는 신 바루나의 무기 이름이며, 하누만 역시 힌두교의 신이다. 바즈라는 불교, 자이나교 및 힌두교의 상징물로 금강저라고도 한다.

군악대가 국가를 연주했다. 대통령이 경례를 받았다.

수호이[●] 제트전투기 세 대가 창공에서 시바의 삼지창, 트리슐을 만들었다. 힌두교가 언제 인도의 국교가 되었담? 뭐 우연이었겠지.

흥분한 군중들은 미약한 겨울 태양을 향해 고개를 들어 곡예비행에 갈채를 보냈다. 저 높은 하늘 위에서 번뜩이는 제트기들의 은빛 옆구리는 룩미니와 캄리(또는 메루니사와 샤바노)의 목숨 건 싸움을 되비쳤다.

● 러시아의 전투기 개발업체.

# 1부

제1장

# 자본주의: 유령 이야기

그것은 주택인가, 보금자리인가? 새로운 인도를 섬기는 신전인가 아니면 옛 인도의 망령들을 가둬둘 창고인가? 안틸라가 신비로움과 고요한 위압감을 내뿜으며 뭄바이 알타마운트 로드에 들어선 후로 그곳은 예전 같지 않았다. "자, 여기예요." 나를 그리로 데려다준 친구가 말했다. "우리의 새 통치자에게 경의를 표하세요."

안틸라는 인도에서 가장 부유한 사람인 무케시 암바니의 소유다. 이 사상 최고가의 집에 관해서는 나도 이미 읽어서 알고 있었다. 총 27층에 헬리콥터 이착륙장 세 곳, 엘리베이터 아홉 대, 공중정원들, 무도회장들, 웨더룸,• 체력단련실 몇 곳, 여섯 층에 이르는 주차장, 그리고 600명의 하인까지. 그러나 내 허를 찌른 것은 수직으로 꾸며진 잔디밭이었다. 까마득히 치솟은 27층짜리 건물 벽의 광활한 금속 격자판을 온통 뒤덮은 잔디라니. 하지만 군데군데 풀이 말라 붙거나 직사각형 모양으로 오려낸 듯 떨어져나간 자국들이 보였다. 낙수효과가 거짓말인 줄 내 진즉 알아봤지.

그렇지만 분수효과(Gush-Up)는 확실했다. 인구 12억의 국가에서 상위권 부자 100명의 손에 국내총생산의 4분의 1에 맞먹는 자산이 집중된 것이 바로 그 덕분이니까.[1]

사람들의 말에 따르면(그리고 뉴욕타임스에 따르면), 그 온갖 수고를 들이고 정원을 그렇게 가꿔놓고서, 정작 암바니 가족은 안틸라에 살지 않는단다.[2] 확실히 아는 이는 아무도 없지만, 어쨌든 전에 들은 바로는 그랬다. 사람들은 여전히 귀신, 운수, 바스투••가 어쩌고 풍수가 어쩌고 하며 숙

• 바깥 날씨의 변화를 관찰하며 명상, 독서, 업무 등을 할 수 있도록 유리벽으로 만들어진 독립적인 여유공간.

•• 풍수와 건축을 연결시킨 개념.

덕댄다. 어쩌면 이게 다 칼 마르크스의 탓일 수도 있다. (그렇게 저주를 퍼부어댔으니.) 자본주의는, 하고 그는 말했다. "너무 거대한 생산과 교환수단들을 만들어내서, 스스로 주문을 외워 불러낸 그 지옥의 악마들을 더는 통제하지 못한다."[3]

인도에서 신흥, 포스트 IMF "개혁" 중산층—시장—에 속한 우리 3억 명은 그 지옥의 망령들과 어울려 살아간다. 죽은 강과 말라붙은 우물, 헐벗은 산들, 벌거벗은 숲들. 빚에 쪼들려 스스로 목숨을 끊은 25만 농민들과, 우리에게 자리를 내주기 위해 가진 것을 빼앗기고 가난으로 내몰린 8억 명의 유령들.[4] 그리고 하루 20루피[•] 도 안 되는 돈으로 근근이 살아가는 사람들.[5]

무케시 암바니는 개인 재산이 200억 달러에 이른다.[6] 그는 릴라이언스 인더스트리(이하 릴라이언스)의 최대 지배주주다. 시가총액 470억 달러의 그 회사는 석유화학, 석유, 천연가스, 폴리에스테르 섬유, 특수경제구역, 신선식품 소매, 고등학교, 생명과학연구, 그리고 줄기세포 저장 서비

• 한국 돈으로 약 300~400원에 해당한다.

스를 총망라하는 전 지구적 사업을 관장하고 있다. 릴라이언스는 최근 거의 모든 지역 언어로 방송하는 CNN-IBM, IBN 라이브, CNBC, IBN 로크맛, 그리고 ETV를 포함, 27개의 텔레비전 뉴스와 오락 채널을 거느린 TV 컨소시엄 인포텔의 주식 95퍼센트를 사들였다.[7] 인포텔은 만약 기술력이 실현되기만 한다면 정보 교류의 미래가 될 수 있는 고속전산망 4G 브로드밴드의 전국 라이선스를 독점 소유하고 있다.[8] 암바니는 한 크리켓팀의 구단주이기도 하다.

릴라이언스는 인도를 손에 넣고 주무르는 소수의 기업들 중 하나다. 다른 기업들로는 타타, 진달, 베단타, 미탈, 인포시스, 에사르, 그리고 무케시의 동생 아닐의 소유인 또다른 릴라이언스, 즉 릴라이언스 아닐 디루바이 암바니 그룹(ADAG) 등이 있다. 그들의 성장 경쟁은 유럽과 중앙아시아와 아프리카와 라틴아메리카로까지 번졌다. 그들의 그물망은 널리 펼쳐져 있다. 보이는 곳에도 보이지 않는 곳에도, 땅 위에도 땅 밑에도 그들은 뻗어 있다. 예컨대 타타는 80개국에서 100개도 넘는 회사들을 운영한다. 그들은 인도에서 가장 오래되고 가장 큰 민영 전력회사에 속한다. 광산,

천연가스 산지, 철강공장, 전화 및 케이블텔레비전과 브로드밴드 통신망이 그들의 소유고, 소도시 전체가 그들에 의해 운영된다. 그들은 자동차와 트럭을 제조하며, 타지(Taj) 호텔 체인, 재규어, 랜드로버, 대우, 테틀리 티, 출판사 한 곳, 서점 체인, 대형 요오드 첨가 식염 브랜드, 그리고 화장품 업계 거물인 라크미도 그들의 소유다. "당신들은 우리 없이 못 살걸"을 광고문구로 내세운대도 과장이 아닐 것이다.

분수효과의 복음서에 따르면, 더 많이 가질수록 좀더 많이 가질 수 있다.

모든 것을 민영화하는 시대는 인도 경제를 세계에서 가장 빠르게 성장하도록 만들었다. 그러나 좋았던 옛 시절의 그 모든 식민지들과 마찬가지로, 인도의 주요 수출품 역시 광물이다. 인도의 신흥 대기업인 타타 그룹, 진달 그룹, 에사르, 릴라이언스, 스털라이트는 지구 깊은 곳으로부터 채굴하는, 돈을 토해내는 수도꼭지를 힘으로 차지한 회사들이다.[9] 기업가에게는 꿈인가 생시인가 싶을 상황이다. 공짜로 손에 넣은 것을 돈 받고 팔 수 있다니.

기업의 또다른 어마어마한 부의 원천은 그들의 토지은

행이다. 전 세계의 무력하고 부패한 지방정부들은 월가 주식중개인들, 영농기업들, 그리고 중국인 억만장자들이 막대한 토지를 축적할 수 있도록 뒷바라지해왔다. (물론 이는 수자원 징발도 수반한다.) 인도에서는 수백만 인구의 토지가 거두어져 "공익"이라는 명목하에 민간기업들에 넘겨지고 있다. 경제특구, 기반시설 공사, 댐, 고속도로, 자동차 제조, 화학산업단지, 그리고 포뮬러 원 경주를 위해서다.[10] (사유지의 신성불가침성은 빈민들에게는 결코 적용되지 않는다.) 늘 그렇듯, 토착민들은 고용 증대를 위해서라는 약속 하나만 받은 채 가졌던 모든 것을 징발당하고 토지에서 쫓겨난다. 하지만 우리는 이제 국내 총생산의 성장과 일자리 사이의 관계가 신화에 불과함을 알고 있다. 20년에 걸친 "성장"의 결과, 인도 노동인구의 60퍼센트는 자영업 종사자고, 노동 가능인구의 90퍼센트는 영세직종에서 일한다.[11]

독립 이후로 1980년대까지, 낙살라이트•에서 자야프라카시 나라얀••의 삼푸르나 크란티•••에 이르기까지 민중운

• 비합법 정당인 마오주의인도공산당의 준군사조직.
•• 인도 독립운동가 출신의 사회개혁가이자 정치지도자.
••• "철저한 혁명"이라는 뜻으로, 나라얀이 주창한 사회개혁 프로그램.

동은 토지개혁을 위한, 봉건지주들의 토지를 토지 없는 소작민에게 재분배하기 위한 싸움이었다. 하지만 오늘날 토지나 부를 재분배하자고 주장했다간 사회주의자라는 비난을 넘어 미친놈 소리를 들을 것이다. 심지어 가장 공격적인 운동들도 사람들이 아직 빼앗기지 않은 얼마 안 되는 땅을 지키려는 싸움 정도로 주저앉아버렸다. 대부분 달리트•와 원주민들로 이루어진, 땅을 갖지 못한 수백만 인구는 고향 마을에서 쫓겨나 소도시와 대도시의 슬럼가와 판자촌에 모여 살고 있는데, 그들은 급진적 담론에서조차 전혀 언급되지 않는다.

분수효과 덕분에 우리의 억만장자들이 발끝으로 뱅글뱅글 피루엣을 도는 반짝이는 핀 끝에 부가 집중되면서, 어마어마한 액수의 돈이 언론은 물론 민주주의 기관들—법원, 국회—까지 흘러들어갔고, 그로 인해 심각하게 훼손된 제도들은 제 기능을 다하지 못하고 있다. 선거를 둘러싼 축제가 요란하면 요란할수록, 우리는 과연 민주주의가 진짜 존재하는지를 더 의심하게 된다.

• 인도 카스트 제도의 최하층에 속하는 계급.

인도에서 매번 새롭게 폭로되는 부패 스캔들은 이전 스캔들을 시시해 보이게 만든다. 2011년 여름에 2G 스펙트럼 스캔들이 터졌다. 기업들이 측근을 정보통신부 장관으로 앉혀 공공자금 400억 달러를 꿀 빨듯 쪽쪽 빨아들였고, 2G 이동통신 스펙트럼의 사업권을 엄청나게 낮게 책정된 가격으로 장관의 친구들에게 불법입찰했다는 사실이 만천하에 드러났다. 언론에 유출된 통화 녹음테이프의 내용에 따르면 사업가들과 그들이 세운 유령회사들에 장관들, 원로 언론인들, 그리고 텔레비전 앵커 하나가 가담해 이 백주대낮의 강도질을 성사시켰다. 사실 녹음테이프들은 이미 사람들이 오래전부터 알고 있던 병명을 확인해준 MRI 검사결과였을 뿐이다.

물론 이동통신 스펙트럼이 불법으로 사유화되고 매각된다고 해서 전쟁이나 민간인 이동, 그리고 생태계 파괴를 초래하지는 않는다. 하지만 인도의 산, 강, 그리고 숲의 사유화를 초래한다. 아마도 직접적이고 본격적인 회계 스캔들처럼 명확하지 않기 때문에, 또는 그 모두가 인도의 "발전"이라는 미명하에 이루어졌기 때문에, 그것은 중산층에게 별

반향을 일으키지 못한다.

2005년에 차티스가르, 오디샤, 그리고 자르칸드 주의 정부들은 다수의 기업들과 수백 건의 양해각서를 조인하여 수조 달러어치의 보크사이트와 철광 및 그 밖의 광물들을 푼돈에 넘겼으니, 이는 곡해된 자유시장의 논리마저 스스로 짓밟는 짓이었다. (정부에게 가는 사용료는 0.5퍼센트에서 7퍼센트 사이였다.[12])

차티스가르 주정부가 바스타르에 종합철강공장을 건축한다는 양해각서를 타타 철강과 조인하고 며칠 지나지 않아, 민병대인 살와 주둠(평화를 위한 행진)이 발족되었다. 정부는 숲에서 마오주의 게릴라의 "억압"을 견디다못한 지역주민들이 자발적으로 들고일어난 것이라고 주장했다. 그러나 알고 보니 그들의 정체는 정부에서 자금과 무기를, 그리고 채굴기업들에서 보조금을 받아 결성된, 숲 개간을 목적으로 한 용역단체였다. 다른 주들에서도 이름만 다를 뿐 비슷한 민병대들이 만들어졌다. 수상은 마오주의자들이 "단일세력으로는 인도 안보의 최대위협"이라고 선언했다. 선전포고였다.[13]

2006년 1월 2일, 오디샤와 이웃한 주인 칼린가나가르에 위치한 타타 철강의 또다른 건축부지에서는 경찰병력 열개 소대가 진입해 부실한 토지보상책에 항의하려고 모인 마을사람들에게 발포함으로써 정부의 본격적 의지를 알렸다. 경찰 한 명을 포함해 13명이 목숨을 잃고 37명이 부상당했다.[14] 그후로 6년이 지났고, 줄곧 무장경찰에게 포위당한 상태에서도 주민들의 저항의 불길은 꺼지지 않았다.

한편 살와 주둠은 차티스가르의 숲과 마을 수백 곳에서 방화와 강간, 살인을 일삼으며 마을 600여 곳을 비우고 5만 명의 사람들을 경찰수용소에 몰아넣은 것으로도 모자라 35만 명의 사람들을 쫓기는 신세로 만들었다.[15] 주총리는 숲에서 나오지 않은 사람들을 "마오주의 테러리스트"로 간주할 것이라고 선포했다. 이렇듯 현대 인도의 일부 지역에서는 밭을 갈고 씨를 뿌리는 것이 테러리스트 활동으로 규정되고 있다. 결국 살와 주둠의 잔혹한 행위들은 오히려 더 큰 저항을 부르고 마오주의 게릴라군의 병력을 키워주는 역효과만 불러왔다. 2009년에 정부는 이른바 녹색사냥작전을 선포했다. 20만의 준군사병력이 차티스가르,

오디샤, 자르칸드, 그리고 서벵골의 온 지역에 걸쳐 배치되었다.[16]

3년간 이어진 "저강도 분쟁" 끝에 반란세력들을 숲에서 "싹쓸이하는" 데 실패한 중앙정부는 육군과 공군을 배치하겠다고 선포했다.[17] 인도에서 우리는 이를 전쟁이라고 부르지 않는다. "우호적인 투자 기후를 조성하기 위한 조치"라고 부른다. 수천 명의 병력이 이미 진입했다. 여단본부 및 공군기지 건설이 한창 준비중이다. 세계 최대 규모에 속하는 육군이 지금 세계에서 가장 가난하고, 가장 굶주리고, 가장 영양실조에 시달리는 사람들에 맞서 자신들을 "보호하기" 위해 교전조건을 작성하고 있다. 이제 군사특별권한법만 선포되면 모든 준비가 끝나는데, 그러면 군은 법적 면책권과 "의심만으로" 사람을 죽일 권리를 손에 넣게 된다. 안 그래도 카슈미르, 마니푸르, 그리고 나갈랜드에서 수만 개의 묘비 없는 무덤들과 이름 모를 누군가를 화장한 장작더미들을 지나가노라면 인도 육군은 의심이 많아도 너무 많은 게 아닌가 싶어지는데 말이다.[18]

배치 준비가 한창인 가운데, 줄곧 포위상태인 중앙인도

의 정글마을 주민들은 겁에 질린 나머지 음식이나 약을 사러 시장에 갈 엄두도 내지 못하고 있다. 삼엄한 비민주적 법률하에서 수백 명의 사람들이 마오주의자라는 혐의로 감옥에 갇혔다. 감옥은 원주민들로 꽉 차서 발 디딜 틈이 없는데, 그중 다수는 자신의 죄목이 뭔지도 모른다. 최근 체포된 바스타르 출신 원주민 교사 소니 소리는 경찰 구금중에 고문을 당했다. 마오주의자 운반책이라는 "자백"을 받아내려고 경찰이 그녀의 질에 돌멩이들을 쑤셔넣은 것이다. 비난의 목소리가 높아지자 그녀는 의료 검진차 콜카타의 한 병원에 보내졌고, 거기서 돌들을 꺼낼 수 있었다. 최근 대법원 공판에서, 활동가들은 판사들에게 비닐봉지에 담긴 그 돌들을 증거로 제시했다. 그러나 그처럼 애를 써도 소용없었다. 소니 소리는 아직 감옥에 있고, 그녀를 심문했던 안킷 가르그 경정은 공화국의 날에 대통령 경찰 무공훈장을 받았다.[19]

중앙인도의 생태적, 사회적 개조에 관한 이야기는 대규모 내란이나 전쟁이라도 벌어지지 않는 한 결코 우리의 귀에 들어오지 않는다. 정부는 아무런 정보도 주지 않는다. 양해각서들은 모두 기밀사항이다. 일부 언론들은 중앙인도에서 벌어지고 있는 일에 관해 대중의 관심을 불러일으키려고 애써왔다. 그러나 인도의 대중매체는 대개 수입의 대부분을 기업 광고에 의존하기 때문에 영 맥을 못춘다. 이게 별로 심각한 문제로 들리지 않는다면, 이제 미디어와 대기업들 사이의 경계선이 위험할 정도로 흐려지기 시작했다는 이야기는 어떨까. 앞서 이야기했듯 릴라이언스는 실제로 텔레비전 채널 27개사를 소유한다. 하지만 그 반대 또한 사실이다. 일부 언론사들은 이제 사업과 기업활동에 직접 발을 들여놓았다. 한 예로, 지역의 유력일간지 중 하나로 영어와 힌디어를 비롯해 네 가지 언어로 발행되며 13개 주에서 1750만 명에 이르는 독자를 거느린 다이닉 바스카르(그냥 한 군데만 예를 들자면)가 있다. 그 언론사는 또한 채굴, 전력, 부동산, 그리고 섬유 관련기업 69개사를 소유하고 있다. 최근 차티스가르 고등법원에 DB Power Ltd(그 그룹의 자회사인)에 대한 탄원서가 제출되었는데, 그 회사가 한 노천탄광의 채굴권에 관한 공청회 결과에 입김을 불어넣기 위해 소유 신문을 통해 "교활한 불법적 수단들을 고의적으로"

활용했다는 것이 그 내용이었다.[20] 실제로 공청회에 입김을 불어넣으려고 했는지 여부는 중요하지 않다. 핵심은 그 언론사가 능히 그럴 수 있는 위치에 있다는 것이다. 그들은 그런 힘을 가졌다. 이 땅의 법은 그들이 본격적인 이해갈등에 개입할 위치에 있도록 허용한다.

한편 이 나라에는 아무런 소식도 새어나오지 않는 지역도 있다. 희박한 인구에 비해 과도한 병력이 주둔한 북동부의 아루나찰프라데시 주에서는 대부분 개인 소유인 대형 댐 168곳이 건설중이다.[21] 마니푸르와 카슈미르에서는 인근지역 전체를 수몰시킬 높은 댐들이 건설중인데, 고도로 군사화된 이 두 주의 주민들은 전력 중단에 항의라도 하려면 목숨을 내걸어야 한다. (실제로 몇 주 전 카슈미르에서 그런 일이 일어났다.[22]) 그들이 어떻게 하면 댐을 멈출 수 있을까?

개중 가장 터무니없는 댐은 구자라트에 있는 칼파사르다. 그것은 완공되면 10차선 고속도로와 그 위를 지나가는 철로가 딸린, 캄바트 만을 가로지르는 34킬로미터 길이의 댐이 될 것이다. 건설 목적은 구자라트의 강들에서 해수를 밀어내어 민물 저수지로 만드는 것이다. (그 강들이 이미 건설된 댐들 때문에 물이 쫄쫄 흐르는 수준이고 그나마도 화학적 폐수로 오염되었다는 사실은 잊도록 하자.) 해수면을 높여 해안 수백 킬로미터의 생태학을 뒤바꿔버릴 칼파사르 댐에 대한 과학자들의 심각한 우려는 2007년 보고서에 잘 드러나 있다.[23] 그것은 인도만이 아니라 전 세계적으로 보아도 가장 물부족이 심한 드홀레라 특수투자구역에 물을 공급하기 위해 급작스럽게 재추진되었다. 특수투자구역이란 경제특구의 또다른 이름으로 산업단지들, 소도시와 거대도시들로 이루어진 기업 자치 디스토피아다. 드홀레라 특수투자구역은 10차선 고속도로들의 연결망을 통해 구자라트의 다른 도시들과 이어질 것이다. 이 모두를 위한 돈은 어디서 나올까?

2011년 1월에 마하트마 (간디) 만디르 센터에서, 구자라트의 주총리인 나렌드라 모디는 세계 100개국에서 온 국제적 기업가 1만 명이 참석한 회의를 주재했다. 언론 보도에 따르면 그들은 구자라트에 4500억 달러를 투자하겠다고 서약했다. 그 회담 날짜는 용의주도하게도 2000명의 무슬림이 희생된 2002년 2월 구자라트 학살사건• 의 10주년 기념일로 잡혔다. 그리고 모디는 그 학살을 용인하기만 한 것이 아니라 적극 교사한 혐의를 받고 있는 장본인이다. 사랑하는 사람들이 강간당하고 창자가 뽑히고 산 채로 불태워지는 것을 본 사람들, 고향에서 쫓겨난 수만 명의 사람들은 아직도 정의를 향한 몸짓을 기다리고 있다. 하지만 사프란색 스카프와 주황색 이마 점을 세련된 정장으로 갈아치운 모디는 4500억 달러의 투자금을 핏값으로 쳐서 셈을 마칠 속셈이다.[24] 어쩌면 정말 그렇게 될지도 모른다. 대기업이 그를 열정적으로 보필하고 있으니까. 무한한 정의의 대수학이 작용하는 그 신비로운 방식을 그 누가 알랴.

드홀레라 특수투자구역은 그저 더 작은 마트료시카 인형 중 하나, 계획중인 디스토피아의 안쪽에 포개져 있는 한 부분일 뿐이다. 길이 1500킬로미터에 너비 300킬로미터의 그 널따란 통로는 초거대 산업지대 아홉 곳, 고속화물 라인, 항구 세 곳, 공항 여섯 곳, 교차로 없는 6차선 고속도로, 그

• 이슬람교도와 힌두교도 사이의 충돌로, 구라자트 주 무슬림 주거지역에서 수많은 무슬림들이 힌두교도들에게 희생된 사건.

리고 4000메가와트급 전력공장을 포함하는 델리 뭄바이 산업회랑(이하 DMIC)과 연결될 것이다. DMIC는 맥킨지 글로벌 연구소의 제안에서 비롯된, 인도와 일본 정부 간 그리고 양국의 기업들 간의 협력사업이다.

DMIC 웹사이트에 따르면 그 프로젝트는 약 1억 8000만 명의 사람들에게 "영향을 미칠" 거라고 한다.[25] 그러나 정확히 어떤 식으로 영향을 미칠지는 밝혀져 있지 않다. 신도시 몇 곳이 건설될 것이라는 예측과, 그 지역 인구가 현재의 2억 3100만 명에서 2019년에는 3억 1400만 명으로 증가할 것이라는 추산이 제시되어 있을 뿐이다. 단 7년 만에 말이다. 근자에 한 국가, 폭군, 또는 독재자가 수백만 명의 사람들을 이동시킨 예가 있었나? 그것이 과연 평화로운 과정일 수가 있을까?

인도 육군은 인도 전역에 배치 명령이 떨어지면 아마도 기습공격에 대비해 신병 모집을 시작해야 할 것이다. 중앙인도에서 앞으로 육군이 맡을 임무에 대비해 최신 심리전 수칙이 공개 배포되었다. 개요는 "바람직한 태도와 행동을 장려함으로써 국가의 정치적, 군사적 목표들의 달성에 이

바지할 특정 의제들을 강화할 목적으로, 선택된 청중에게 메시지를 전달하는 계획된 과정"이다. 거기에 적힌 "인지 관리" 과정은 "협조적인 미디어를 이용하는 방법"을 통해 수행될 것이다.[26]

육군은 그간의 경험을 통해 강압과 무력만으로는 인도의 설계자들이 그리고 있는 규모의 사회적 개조를 수행하거나 관리할 수 없음을 깨달았다. 빈민에 대한 전쟁을 벌일 수는 있다. 그렇지만 나머지 우리 중산층, 사무직 노동자, 지식인들, 즉 "여론 형성자들"을 상대하려면 "인지 관리"가 필요하다. 그러려면 반드시 기업 자선사업이라는 신묘한 기예에 의존해야 한다.

근래에는 주요 채굴기업들이 두 팔 벌려 그 기예를 부둥켜안았다. 영화, 설치미술, 그리고 1990년대의 미인대회들에 대한 집착을 대신해 쏟아지는 문학축제들이 그 예다. 동그리아콘드족이 고대로부터 살아온 터전의 심장부에서 보크사이트를 채굴하고 있는 베단타는 젊은 영화학과 학생들을 대상으로 한 "행복 만들기" 영화제를 후원하며, 지속 가능한 발전을 주제로 한 영화 제작을 의뢰해오고 있다. 베단타는 "행복을 채굴합니다"라는 표어를 내세운다. 진달 그룹은 현대미술을 다루는 잡지를 발행하고 인도의 주요 미술가들을 후원한다(그들의 작업재료는 자연스럽게 스테인레스강이다). 에사르는 전 세계를 선도하는 사상가들 간의 "옥탄가 높은" 토론을 약속하는 테헬카 뉴스위크 싱크 페스트의 제1 후원사였다. 이 작업에는 주요 작가들, 활동가들, 그리고 심지어 건축가인 프랭크 게리도 참여했다.[27] (모두 예술가와 언론인들이 거대한 불법 채굴 스캔들을 파헤치고 있던 고아에서 일어난 일이다. 그리고 당시는 바스타르의 전쟁 발발에 에사르가 개입한 정황이 점점 드러나던 시기였다.[28]) 타타 철강과 리오 틴토(각자 추악한 실적을 가지고 있는)는 자이푸르 문학축제(영미권 명칭: 다르샨 싱 건설사 주최 자이푸르 문학축제)의 주요 후원사들이다. 그것은 전문가들의 입을 빌려 "지구상에서 가장 위대한 문학쇼"로 광고된다. 타타의 "전략 브랜드 매니저"인 카운슬리지는 그 축제에 취재진들을 위한 천막을 협찬했다. 세계에서 가장 우수하고 가장 영리한 여러 작가들이 사랑, 문학, 정치학, 그리고 수피교도들의 시를 논하기 위해 자이푸르에 모였다.

일부는 발언의 자유를 지지한다며 살만 루슈디의 금서 『악마의 시』를 낭독하기도 했다. 모든 텔레비전 화면과 신문에 실린 사진에는 상냥하고 자애로운 주최 측인 타타 철강의 로고(그리고 그 표어인 '강철보다 더 강력한 가치')가 후광처럼 등장했다. 축제의 주최 측은 무슬림 살인마 폭도들이 자유발언의 적이라며, 그들은 심지어 거기 모인 초등학생들조차 해치려 할 것이라고 말했다. (우리는 상대가 무슬림일 경우 인도 정부와 경찰이 얼마나 무력해질 수 있는지를 이미 목격한 바 있다.) 강경하기로 이름난 다룰울룸 데오반드 이슬람 신학대학이 루슈디를 그 축제에 초청하는 데 항의한 것은 사실이다. 일부 이슬람 교인들이 항의를 위해 축제 장소에 모인 것도 분명히 사실이고, 주정부가 그곳을 경비하는 데 아무런 노력도 들이지 않은 것 역시 어이없지만 사실이다. 그 쇼 전체가 이슬람 근본주의 못지않게 민주주의, 표밭, 그리고 우타르프라데시 주 선거와도 관련이 있었기 때문이다. 하지만 이슬람 근본주의에 맞서 자유발언을 옹호한 그 투쟁은 전 세계 각지의 신문에 실렸다. 이는 중요한 일이다. 그러나 숲에서 벌어지고 있는 전쟁에서 그 축제의 후원사들이 한 역할, 산더미처럼 쌓인 시체들, 발 디딜 틈 없는 감옥들을 다룬 기사는 거의 없었다. 반정부적인 **생각을 품는 것**조차 재판심리 가능한 범죄행위로 만드는 불법행위예방법과 차티스가르 특별 대중보안법에 관한 기사는 찾아볼 수도 없었다. 지역주민들의 진정을 처리하기 위한 타타 철강의 의무공청회가 실제 그 소재지인 로핸디구다로부터 수백 마일 떨어진 자그달푸르의 지방행정관청 구내에서, 용역 방청객 50명과 무장경비대의 감시 속에서 열렸다는 사실 역시 다루어지지 않았다.[29] 그렇다면 자유발언이란 도대체 무엇을 말하는 것인가? 아무도 칼린가나가르를 입에 올리지 않았다. 인도 정부의 심기를 거스르는 주제들, 스리랑카 전쟁 중에 타밀인 집단학살에서 정부가 맡은 은밀한 역할이나 최근 발굴된 카슈미르의 이름 없는 무덤들을 다루는 언론인들, 학자들, 그리고 영화제작자들이 비자 신청을 퇴짜맞거나 공항에서 곧장 추방당한다는 사실은 아무도 입에 올리지 않았다.[30]

그렇지만 우리 죄인들 중 누가 처음으로 돌을 던질 것인가? 기업형 출판사들이 주는 인세로 먹고사는 나는 아니다.

우리는 모두 타타 스카이로 텔레비전을 보고, 타타 포톤으로 인터넷 서핑을 하고, 타타 택시를 타고, 타타 호텔에 묵고, 타타 도자기에 담긴 타타 티를 타타 철강에서 만든 티스푼으로 저어가며 마신다. 우리는 타타 서점에서 타타 책들을 산다. 우리는 타타의 녹을 먹고 산다. 우리는 포위상태다.

도덕적 순수성이 돌을 던질 자격조건이라면 자격 있는 사람들은 오로지 이미 침묵당한 사람들뿐이다. 시스템 밖에서 사는 사람들, 숲에 사는 무법자들, 또는 언론에서 결코 다루어주지 않는 저항자들, 아니면 가진 것을 모두 순순히 빼앗기고 이 조사위원회에서 저 조사위원회로 증언대를 오가는 사람들.

그렇지만 문학축제는 우리에게 번뜩이는 깨달음의 순간을 주었다. 오프라가 온 것이다.[31] 그녀는 인도를 사랑한다며, 몇 번이라도 다시 찾아오겠다고 말했다. 그 말에 우리는 자부심을 느꼈다.

이는 그저 그 신묘한 기예의 익살맞은 결말일 뿐이다.

타타는 지금껏 백 년 가까이 기업 자선사업을 펼쳐오면서 장학금을 제공하고 몇몇 우수한 교육재단과 병원들을 운영해왔지만, 인도 기업들이 성법원•에, 그 눈부시게 빛나는 전 지구적 기업정부의 세계에 초대된 것은 기껏해야 최근의 일이다. 그 세계는 적들에게는 치명적이지만 다른 면에서는 너무나 교묘해서 우리는 그들이 있는지조차 모른다.

이제부터 할 이야기는 어떤 독자들에게는 다소 가혹한 비난처럼 들릴지도 모른다. 하지만 달리 보면 세계를 자본주의의 요람으로 지켜내고자 평생을 바친 사람들의 선견지명과 유연함, 세련됨과 흔들림 없는 투지를 알아봐주는 이야기로 읽을 수도 있을 것이다. 적에게 경의를 표하는 전통에 따라서 말이다.

비록 현대의 기억에서는 흐릿해졌지만, 그들의 매혹적인 역사는 20세기 초 미국에서, 기업들의 자선사업이 법적으로는 출연재단의 형태로 자본주의의(그리고 제국주의의) 길을 트고 시스템을 유지하는 순찰대 겸 전도사 활동을 떠맡으면서 시작되었다.[32]

미국 최초의 재단 중에는 카네기 철강회사의 수익금으로

• 성실법정. 배심 없이 불공정한 판결을 내렸다고 전해지는 중세 영국의 고등법원에 빗댄 표현.

1911년에 설립된 카네기 재단과 스탠더드오일 창립자인 J. D. 록펠러가 1914년에 출연해 만든 록펠러 재단이 있었다. 그 시대의 타타와 암바니스라고 하겠다.

록펠러 재단으로부터 자금, 종잣돈 또는 후원을 받는 조직들 중에는 유엔, 미국 중앙정보부(CIA), 외교협회, 뉴욕의 그 위풍당당한 근대미술관, 그리고 당연하게도 뉴욕의 록펠러 센터(디에고 리베라가 그 벽에 그린, 타락한 자본주의자들과 악당인 레닌이 등장하는 짓궂은 벽화는 지워졌다. 언론의 자유가 쉬는 날이었나보다)가 있다.

록펠러는 미국 최초의 억만장자이자 세계 최대의 부자였다. 그는 에이브러햄 링컨을 지지하고 노예제도 폐지와 금주론을 주장했다. 그는 자기가 번 돈이 하느님이 주신 거라고 믿었는데, 아무래도 그로서는 그 편이 편리했으리라.[33]

여기에 파블로 네루다의 초기 시 「스탠더드오일회사」의 몇 구절이 있다.

> 뉴욕 토박이인 그 배불뚝이 황제들은
>
> 다정한 미소의 살인자들이라네

비단을, 나일론을, 시가를 사고
인색한 폭군들과 독재자들을 산다네
나라를, 민족을, 바다를, 경찰을, 시의회를 사고,
마치 구두쇠들이 황금을 쟁이듯
가난한 사람들이 곡식을 쌓아두는 먼 곳의 땅들도 산다네
스탠더드오일이 그들을 잠에서 깨워 제복을 입혀주면
그들은 나가서 형제들을 죽인다네.
파라과이 사람들은 전쟁을 하고
볼리비아 사람들은 기관총을 차고
정글에서 시들어가네
기름 한 방울, 백만 에이커의 융자 때문에
대통령이 암살당하고
무서운 죽음은 어느 날 아침의 즉결처형으로 가볍게 찾아오네
반정부활동가들을 위한 새로운 포로수용소는
파타고니아에, 배신, 흩어진 총알들
석유를 산출하는 달빛이 비추면
수도의 장관들은 남몰래 차고 기운다네

석유의 조수와도 같은
하나의 속삭임
그리고 휙, 하면 구름 위로 빛나는
스탠더드오일의 글자들이 나타나
바다 위에서, 여러분의 집에서
그들의 지배령을 밝힌다네.[34]

미국에서 기업 출연 재단들이 처음 등장했을 때, 그들의 기원, 적법성, 그리고 관리책임 부재를 둘러싸고 뜨거운 논쟁이 불붙었다. 사람들은 기업들이 그 정도로 돈이 남아돈다면 노동자들의 임금이나 올리라고 말했다. (당시에는 미국에서도 이런 터무니없는 소리를 할 수가 있었던 것이다.) 이런 재단들은 지금이야 흔해빠졌지만, 알고 보면 기업 상상력의 엄청난 도약이었다. 금원은 막대하고 업무에는 거의 한계가 없는데다(책임성은 전무하고 철저히 불투명한) 세금 면제까지 받는 법적 단체들이라니, 경제적 부를 정치, 사회, 문화적 자본으로 활용하기에, 돈을 권력으로 바꾸기에 그보다 더 좋은 방법이 있을까? 고리대금업자들이 이윤

중 지극히 적은 부분을 이용해 전 세계를 주무르기에 그보다 더 좋은 방법이 있을까? 그렇지 않다면야 어떻게 자신은 그저 컴퓨터를 조금 알 뿐이라고 스스로 인정하는 빌 게이츠가 미국 정부만도 아니고 전 세계의 정부를 위해 교육과 건강과 농업 정책들을 설계하게 되었겠는가?[35]

세월이 흐르고 사람들이 그 재단이 한 진정한 선행들(공공도서관을 운영하고 질병을 근절하는 등)을 목격하면서, 기업들과 그 출연 재단들 사이의 직접적 연관성은 흐릿해지기 시작했다. 그리고 결국은 완전히 지워졌다. 이제는 심지어 좌파를 자처하는 이들조차 그들의 보조금을 받는 데 거리낌이 없다.

1920년대에 미국 자본주의는 원료와 해외시장을 찾아 바깥으로 눈을 돌렸다. 재단들은 전 지구적 기업 지배라는 생각의 틀을 짜기 시작했다. 1924년에 록펠러와 카네기 재단들은 손을 잡고 오늘날 세계에서 가장 강력한 외교정책 압력단체가 될 외교협회를 창립했다. 나중에 포드 재단 역시 그 후원사가 된다. 1947년 무렵 새로 창설된 미국 중앙정보부는 외교협회의 뒷받침을 받으며 그들과 긴밀히 협력했다. 이후 22명의 미국 국무장관이 외교협회를 거쳐갔다. 1943년 유엔을 설계한 운영위원회에는 외교협회 회원 다섯 명이 있었고, 뉴욕 유엔본부 부지 매입금 850만 달러는 J. D. 록펠러의 주머니에서 나왔다.[36]

1946년 이래 빈민을 위한 전도사를 자처하는 월드뱅크의 역대 회장 11명은 모두 외교협회 회원이었다. (조지 우즈만이 예외다. 그러나 그는 록펠러 재단 이사였고, 체이스 맨해튼 뱅크 부회장이었다.[37])

브레턴우즈 협정에서, 월드뱅크와 IMF는 미국 달러화를 세계의 준비통화로 삼아야 하며, 전 지구적 자본 침투에 박차를 가하려면 시장 개방과 비즈니스 관행의 보편화 및 표준화가 필요하다고 결정했다.[38] 그들이 막대한 자금을 쏟아부어 선정(Good Governance)—그들이 통제하는 한—과 법치—그들이 법 제정에 입김을 미칠 수 있는 한—의 개념, 그리고 수백 가지 반부패 프로그램들—그들이 들어앉힌 시스템이 순조롭게 돌아가도록—을 홍보한 것은 모두 그 목적을 위해서다. 세계에서 가장 불투명하고 책임도 지지 않는 두 조직이 더 가난한 국가의 정부들에게 투명성과

책임을 요구하고 다닌다는 얘기다.

월드뱅크가 전 지구적 금융을 위해 차례차례 이 나라 저 나라의 시장을 강제로 개방하면서 제3세계의 경제정책들에 감 놔라 배 놔라 해왔음을 감안하면, 기업 자선사업이야 말로 역사상 가장 선견지명 있는 사업이었다 해도 무리가 아니리라.

기업 출연 재단들은 그들의 권력을 행사하고 거래하고 전파하며, 엘리트 클럽들과 싱크탱크들의 시스템이라는 그들의 체스판 위에서 말들을 움직인다. 그 면면들은 서로 겹치고, 회전문을 통해 드나든다. 특히 좌파 진영에서 나도는 숱한 음모이론들과는 반대로, 이들은 비밀주의니 악마 숭배니 프리메이슨이니 하는 것과는 거리가 멀다. 이는 기업들이 명의뿐인 회사들과 해외계좌들을 이용해 자금을 빼돌리고 관리하는 방식과 그리 다르지 않다. 그 통화가 돈이 아니라 권력이라는 사실만 빼면 말이다.

국제판 외교협회라 할 미국·일본·유럽의 3국위원회는 데이비드 록펠러와 전직 미국 국가안보보좌관인 즈비그뉴 브레진스키(탈레반의 선조인 아프가니스탄 무자헤딘의 창립멤버), 체이스맨해튼 뱅크, 그리고 몇몇 민간인 명망가들에 의해 1973년 설립되었다. 그 목적은 북아메리카, 유럽, 그리고 일본의 엘리트들 사이에 지속적인 우정과 협력의 기반을 다지는 것이었다. 중국과 인도의 회원들이 합류하여 이제는 5국위원회로 불린다(인도경제인연합회의 타룬 다스, 인포시스의 전직 최고경영자인 나라야나 무르티, 고드레지의 상무이사인 잠셰드 N. 고드레지, 타타 손스의 회장인 잠셰드 J. 이라니, 그리고 아반타 그룹의 최고경영자인 가우탐 타파르).[39]

아스펜 연구소는 지역 엘리트들, 기업가들, 관료들, 그리고 정치가들의 국제적 모임으로, 몇몇 국가들에 지부를 두고 있다. 타룬 다스는 인도 아스펜 연구소의 회장이다. 의장은 가우탐 타파르가 맡고 있다. 맥킨지글로벌 연구소(델리-뭄바이 산업회랑을 처음 제안한)의 몇몇 원로들은 외교협회, 3국위원회, 그리고 아스펜 연구소의 회원들이다.[40]

포드 재단은 1936년에 설립되었다. 간혹 물밑에서 활동할 때도 있긴 하지만 그 외에는 무척 명확한, 분명히 규정된 이데올로기를 표방하며 미 국무부와 아주 긴밀한 관계를 맺고 있다(보수 성향인 록펠러 재단에 대비되어 좀더 자유주의적으로 보이지만 두 재단은 꾸준한 협력관계다). 민주주의의 심화와 "선정"이라는 그 재단의 프로젝트는 자유경제시장에서 비즈니스 관행을 표준화하고 효율을 증진시킨다는 브레턴우즈 협정의 핵심 부분이다. 제2차세계대전 이후 공산주의가 파시즘을 대신해 미국 정부의 주적으로 등극하자 냉전에 대처하기 위한 새로운 종류의 연구소들이 필요해졌다. 그리하여 포드의 자금으로 창설된 랜드연구소는, 미국의 국방을 위한 무기 연구에서 출발한 군사 싱크탱크였다. 1952년에는 "자유국가들을 전복시키려고 침투한 공산주의자들의 끈질긴 획책"에 맞서기 위한 공화국 기금이 설립되었는데, 그 후신인 민주주의제도연구소의 주업무는 매카시즘을 배제하는 정보 위주의 냉전이었다.[41] 포드 재단이 몇백만 달러의 투자금을 쏟아부어가며 인도에서 하고 있는 일을, 우리는 바로 이 렌즈를 통해서 보아야 한다. 화가들, 영화제작자들, 활동가들에게 주는 기부금, 대학 강의와 장학금을 위해 아낌없이 퍼주는 그 기부금을 말이다.

포드 재단이 천명한 "인류의 미래를 위한 목표들" 중에는 지역적, 국제적 풀뿌리정치운동에 침투하는 것도 포함되어 있다. 1919년 미국의 백화점 소유주였던 에드워드 필렌이 신용조합운동을 개척하자 그 재단은 수백만 달러의 보조금과 융자를 제공했다. 필렌의 신념은 노동자들에게 저렴한 신용대출을 제공하여 대량상품소비사회를 만든다는 것이었는데, 당시로서는 하나의 급진적 발상이었다. 그러나 엄밀히 말하면 하나의 발상이 아니라 절반의 발상이라고 해야 한다. 그 포부의 나머지 절반은 국민소득을 한층 공평하게 분배한다는 것이기 때문이다. 자본주의자들은 필렌의 제안의 반절만 가져다가 노동자들에게 수천억 달러의 "저렴한" 융자를 내줌으로써 미국 노동계급을 남들의 생활수준에 따라가려다 가랑이가 찢어진, 영원한 빚쟁이 신세로 전락하게 만들었다.[42]

이 발상은 세월이 흘러 방글라데시의 가난한 시골에까지 흘러들고, 그 결과 무함마드 유누스와 그라민 은행이 굶주리는 소작농들에게 마이크로신용을 제공했으니, 이는 재앙의 씨앗이었다. 아대륙의 빈민은 늘 바니야라는 마을 고리대금업자의 자비 없는 손아귀에 쥐인 빚쟁이 신세였다.

그렇지만 마이크로금융은 그것마저도 기업화했다. 인도의 마이크로금융 기업들은 수백 명의 자살을 불러온 원흉이다. 안드라프라데시 주에서 2010년 한 해에만 200명이 스스로 목숨을 끊었다. 최근 한 중앙 일간지에는 마이크로금융회사 고용인의 빚 독촉에 못 이겨 등록금으로 남겨둔 마지막 150루피•를 내줘야 했던 18세 소녀가 세상을 등지며 남긴 유서가 실렸다. 유서에는 이렇게 적혀 있었다. "열심히 일해서 돈을 버세요. 융자는 받지 마세요."[43]

가난에는 큰돈이 걸려 있고, 노벨상도 몇 개 끼어 있다.

1950년대 무렵 몇몇 비정부기구들과 국제적 교육재단들에 출연하고 있던 록펠러 재단과 포드 재단은 미국 정부의 지부 비슷한 역할을 맡기 시작했는데, 당시 미국은 라틴아메리카, 이란, 그리고 인도네시아에서 민주적으로 선출된 정부들을 넘어뜨리고 있었다. (아직은 중립이었지만 확실히 소련 쪽으로 기울어 있던 인도에 미국이 진출한 것도 이 시기다.) 포드 재단은 인도네시아 대학교에 미국식 경제학 강좌를 개설했다. 미국 육군장교들에게서 반란진압 훈

• 한화로 약 2500원.

련을 받은 인도네시아의 엘리트 학생들은 수하르토 장군이 미 중앙정보부를 등에 업고 권좌에 오른 1965년 쿠데타에서 핵심 역할을 했다. 장군은 공산주의자 반도 수십만 명을 학살함으로써 스승의 은혜에 보답했다.[44]

그로부터 20년 후, 훗날 '시카고 보이스'라는 별명으로 불리게 될 젊은 칠레인 학생들이 (J. D. 록펠러가 후원하는) 시카고 대학교의 신자유주의 경제학자인 밀턴 프리드먼에게 수학하기 위해 미국으로 건너왔다. 이는 미국 중앙정보부가 후원한 1973년 쿠데타를 위한 준비과정으로, 그 결말은 살바도르 아옌데의 살해와 피노체트 장군 휘하에서 17년간 지속된 암살과 실종, 그리고 공포정치였다.[45] 아옌데의 죄목은 민주적으로 선출된 사회주의자라는 것, 그리고 칠레의 광산들을 국유화했다는 것이다.

1957년 록펠러 재단은 아시아의 공동체 지도자들을 수상자로 하는 라몬 막사이사이 상을 설립했다. 동남아시아의 공산주의에 반대하는 미국의 핵심 동맹인 필리핀 대통령 라몬 막사이사이의 이름을 딴 상이었다. 2000년에는 포드 재단의 라몬 막사이사이 신흥지도자상이 설립되었다.

막사이사이 상은 인도의 예술계, 운동권, 그리고 공동체 활동가들 사이에서 권위를 인정받고 있다. 역대 수상자 명단에는 M. S. 수불락시미,• 사티야지트 레이•• 외에, 자야프라카시 나라얀과 인도 최고의 언론인으로 손꼽히는 팔라구미 사이나트도 포함된다. 그렇지만 수상자들이 그 상의 덕을 보았다기보다는 오히려 그 상이 수상자들 덕을 보았다고 해야 한다. 전반적으로, 그 상은 어떤 종류의 정치적 행동이 "용인되며" 어떤 것이 그렇지 않은지를 결정하는 권위를 가지게 되었다.[46]

흥미로운 점은 지난여름 안나 하자레의 반부패운동을 진두지휘한 세 사람 모두 막사이사이 상 수상자였다는 것이다. 안나 하자레, 아르빈드 케지리왈, 그리고 키란 베디. 아르빈드 케지리왈이 운영하는 다수의 비정부기구들 중 한 곳은 포드 재단의 후한 후원금을 받고 있다. 키란 베디의 비정부기구는 코카콜라와 리만 브라더스로부터 지원금을 받는다.

• 인도의 가수.
•• 인도의 영화감독.

안나 하자레는 간디주의자를 자처하지만, 그가 주창한 법(잔록팔 법안)은 비간디적이고 엘리트주의적이며 위협적이었다. 하루 24시간 방영되는 기업 미디어는 그를 "인민의" 목소리로 내세우는 캠페인을 펼쳤다. 미국의 '월가를 점거하라' 시위와는 달리 하자레운동은 사유화나 기업권력이나 경제 "개혁"에 관해서는 입도 뻥긋하지 않았다. 오히려 그와는 반대로, 그 주요 후원자인 미디어들은 거대기업 부패 스캔들(폭로당한 이들 중에는 저명한 언론인들도 포함되었다)로 향하는 조명을 솜씨 좋게 돌려놓고, 정치가들에 대한 대중의 비난을 등에 업고는 정부에게 일임된 권한들을 더 많이 거둬들이고, 더 개혁하고, 더 민영화해야 한다며 압박을 가했다. 월드뱅크가 발표한 워싱턴의 2007년도 평가 결과에 따르면 그 운동은 "선정" 전략과 "잘 부합한다"[47]고 한다. (안나 하자레는 월드뱅크의 2008년 공익봉사상을 수상했다.[48])

모든 선량한 제국주의자들과 마찬가지로 자선단체 사람들은 자본주의가, 그리고 더 확장하면 미국의 헤게모니가 자신에게 이롭다고 믿는 국제적 간부단을 조직하고 훈련시키는 임무를 맡고 있다. 그 국제적 간부단은 원주민 엘리트들이 줄곧 식민지배에 봉사해온 것과 동일한 방식들로 전 지구적 기업정부의 운영을 도울 것이다. 그 재단들이 교육과 예술 분야로 진출하기 시작한 것은 그 때문이다. 해외 및 국내의 경제정책을 뒤이어, 입김을 불어넣을 세번째 영역으로 그 분야들을 택한 것이다. 그들은 학술연구소들과 교육학에 수백만 달러를 쏟아부었다(그리고 지금도 쏟아붓고 있다).

조앤 롤로프스는 『재단과 공공 정책: 다원주의의 가면』이라는 탁월한 책에서 재단들이 어떻게 종래의 정치학 개념들을 개비하여 "국제학" 그리고 "지역학"이라는 학문들을 만들어냈는지 설명한다. 여기서 미국의 첩보 및 안보 부처들에서 일하게 될 외국어 전문가와 외국문화 전문가의 인재풀이 형성된다. 미국 중앙정보부와 국무부, 그리고 미국 대학의 학생과 교수들 사이의 지속적 협력관계는 학계의 윤리성에 심각한 문제들을 야기한다.[49]

사람들을 통제할 목적으로 정보를 수집하는 작업은 모든 지배권력에 필수적이다. 중앙인도를 뒤덮은 노골적인 전쟁의 그림자 속에서 토지 수용과 새 경제정책들에 대한 저항이 인도 전역으로 확산되자 정부는 이에 대한 견제책으로 대대적인 생체인식 및 등록 프로그램을 개시했는데, 아마도 그 야심과 비용 면에서 세계에서 둘째가라면 서러울 이 정보 수집 프로젝트의 명칭은 '고유식별번호'다. 그 덕분에 사람들은 앞으로 마실 수 있는 깨끗한 물이나 화장실이나 식량이나 돈은 없어도 선거카드, 그리고 고유식별번호를 가지게 될 것이다. 인포시스의 최고경영자를 지낸 난단 닐레카니가 운영하는, 표면상 "빈민에게 서비스를 전달할" 의도를 내건 고유식별번호 프로젝트가 다소 막다른 골목에 봉착한 IT 산업에 엄청난 돈줄이 될 전망이 엿보이는 것은 그저 우연일까?[50] 합법적으로 신분을 증명할 수 없는 (대부분 슬럼 거주자나 행상꾼, 또는 토지기록이 없는 아디바시들인) 사람들이 그처럼 막대한 인구 비중을 차지하는 나라를 디지털화하는 일은 그들을 범죄화하고, 비합법적인 존재에서 불법적인 존재로 바꿔놓을 뿐이다. 이는 디지털을 이용하여 공유지를 사유화하는 작업이며, 갈수록 강경해지는 경찰국가의 손에 막대한 권력을 넘기려는 수작이다. 닐레카니의 자료수집욕에서 드러나는 기술관료적 집착은 디지털 데이터베이스, 숫자로 제시되는 목표, 그리고 "발전의 점수표"에 대한 빌 게이츠의 집착과 맥을 같이한다. 마치 전 지구적 굶주림의 원인이 식민주의, 부채, 그리고 이윤에만 눈이 먼 왜곡된 기업정책이 아니라 정보 부족 때문인 양 말이다.[51]

기업출연재단들은 사회과학과 예술 부문의 최대 자금줄로, 발달연구, 공동체연구, 문화연구, 행동과학, 그리고 인권 분야에 강좌와 장학금을 제공한다.[52] 미국 대학교들이 해외 학생들에게 문호를 개방하면서 제3세계 엘리트의 자녀 수십만 명이 쏟아져들어왔다. 등록금을 낼 형편이 안 되는 학생들에게는 장학금이 있었다. 오늘날 인도와 파키스탄 같은 나라의 중산층에서 자녀들 중 하나쯤 미국에 유학 보내지 않은 집은 찾아보기 힘들 정도다. 그들의 계급에서는 좋은 학자와 교수들뿐만 아니라 수상들, 재정장관들, 경제학자들, 기업 변호사들, 은행가들, 그리고 전 지구적 기업들에게 조국 경제를 활짝 열어젖히는 데 한몫한 관료들도 나왔다.

친재단 성향의 경제학자와 정치학자들은 장학금, 연구기금, 보조금, 교부금, 그리고 일자리로 보상을 받았다. 한편 재단에 친화적이지 않은 시각을 가진 학자들은 연구비를 거부당하고 중요성을 잃고 주변으로 밀려났으며, 강좌가 폐지되는 처지로 내몰렸다. 점차 하나의 특정 사상이 담론을 지배하기 시작했다. 모든 것을 아우르는 단일한, 다른 가능성을 허용하지 않는 경제 이데올로기의 지붕하에서 불안정하고 피상적인 관용과 다문화주의(순식간에 인종주의, 과격한 민족주의, 인종적 쇼비니즘, 또는 호전적 이슬람 혐오로 모습을 바꾸는)의 가면을 쓴 사상이었다. 일정 한계를 넘어서자, 그것이 이데올로기임을 알아보는 것조차 불가능해졌다. 그것은 자연스럽게 기본적인 위치에 자리잡았다. 정상성에 침투하여 일상성을 식민화한 그것에 도전하려는 시도는 현실 그 자체에 도전하는 것만큼이나 비합리적으로 보이게 되고, 심지어 무속신앙 같은 취급을 받게 되었다. 이렇게 되면 "대안은 없어"로 넘어가는 것쯤 식은 죽 먹기다.

'월가를 점거하라' 시위 덕분에, 이제야, 또다른 언어가 미국의 거리와 캠퍼스에 등장했다. 학생들이 "계급전쟁"이나 "당신이 부자인 건 괜찮지만 당신이 우리 정부를 사들이는 건 괜찮지 않다"라고 쓰인 배너를 들고 있는 광경은 이런 상황에서 그 자체로 거의 혁명이나 다름없다.

기업 자선사업은 그 첫발을 뗀 지 한 세기가 흐른 지금 우리 삶에서 코카콜라 못지않게 큰 부분을 차지하고 있다. 이제는 비영리조직들이 수백만 개나 있고, 그들 중 다수는 비잔틴풍의 재정적 미로를 통해 더 큰 재단들에 연결되어 있다. 그들 사이에서, 이 "독립적인" 부문은 거의 4500억 달러에 이르는 자산 가치를 자랑한다. 개중 으뜸은 게이츠 재단으로 210억 달러이고, 그다음은 릴리 인다우먼트(160억 달러), 그리고 3위는 포드 재단(150억 달러)이다.[53]

국제통화기금이 구조조정을 강요하고 정부들의 팔을 억지로 비틀어 건강과 교육, 아동 돌봄과 발달을 위한 공공예산을 삭감하게 만드는 과정에 비정부기구들이 침투했다.[54] 모든 것의 민영화는 또한 모든 것의 비정부기구화다. 일자리와 생계수단이 줄어들면서, 비정부기구들은 중요한 일자리 제공처가 되었다. 심지어 그들의 본질을 꿰뚫어보는 사람들에게도 사정은 다르지 않았다. 그리고 그 기구들은 확실히 나쁘기만 하지는 않았다. 수백만 비정부기구들 중에서 분명 놀랍고 급진적인 일들을 하는 곳들도 일부 있으니, 모든 비정부기구들을 똑같이 뭉뚱그려 희화화해서는 곤란하다. 그러나 기업이나 재단이 출연한 비정부기구들은 전지구적 금융이 저항운동들을 매수하는 도구다. 말 그대로 주주들이 회사의 주식을 사들여 내부에서부터 장악하려 하는 것이나 다름없다. 그들은 중앙신경계의 마디들처럼 자리잡고, 전 지구적 금융은 그 경로를 따라 흐른다. 그들은 전송기, 수신기, 충격흡수기로서 모든 자극을 민감하게 감지하며, 호스트 국가들의 정부들을 결코 거스르지 않도록 주의한다. (포드 재단은 그 후원금을 받는 조직들에게 그 점에 대한 서약을 요구한다.) 그들은 무심결에 (때로는 의도적으로) 비밀정보수집 업무를 하며, 그들의 보고서와 워크숍 및 선교활동은 갈수록 강경해지는 국가들의 갈수록 공격적이 되어가는 감시체제에 데이터를 제공한다. 잡음 많은 지역일수록 비정부기구들의 수도 많다.

얄궂게도, 인도의 정부나 기업언론들이 나르마다 강 보존운동(NBA)이나 쿠단쿨람 원자력발전소에 맞선 저항처럼 진정한 인민운동에 대해 흑색선전을 하고 싶을 때, 그들은 그런 운동들이 "외국의 자금"을 받는 비정부기구들이라는 비난을 덧씌운다. 대다수 비정부기구들, 특히 기금이 빵빵한 기구들의 임무는 기업의 전 지구화라는 프로젝트를 밀어붙이는 것이지 방해하는 것이 아님을 누구보다도 잘 알면서 말이다.

수십억 달러의 돈으로 무장한 이런 비정부기구들은 세계 곳곳에 침투해 혁명가의 재목들을 월급쟁이 활동가들로, 펀드(공익기금) 유치 전문가로, 지식인들로, 그리고 영화제작자들로 바꾸어놓고, 그들을 살살 달래서 정면대결을 피하게 만들고, 다문화주의, 성 평등, 공동체 발전의 방향으로 인도하고 있다. 그들의 담론은 정체성 정치학과 인권의 언어로 쓰인다.

정의의 개념이 인권산업으로 탈바꿈한 것은 비정부기구와 재단들이 주축이 되어 일으킨 개념적 쿠데타였다. 협소하게 인권에만 초점을 맞추고 잔혹행위를 중심으로 분석하면 더 큰 그림을 흐린 채 갈등중인 양 당파(예를 들어 마오주의자들과 인도 정부, 또는 이스라엘 육군과 하마스•)를

• 이스라엘을 상대로 무장투쟁을 벌이는 이슬람의 정당이자 준군사단체.

모두 인권 침해로 비난할 수 있다. 그러면 채굴기업들의 토지 수탈과 이스라엘 국가의 팔레스타인 토지 병합은 그 담론에서 아주 미미한, 부수적인 문제가 된다. 인권이 중요하지 않다는 말이 아니다. 중요하다. 하지만 우리가 살고 있는 이 세계의 엄청난 불의들을 인지하거나 어렴풋이라도 이해하기 위한 프리즘 역할을 하기에는 너무 부족하다는 것이다.

또다른 개념적 쿠데타는 재단들이 페미니스트운동에 개입한 것과 관련이 있다. 인도의 대다수 "공식적" 페미니스트들과 여성단체들은 어째서 그들 자신의 공동체 내의 가부장제와 단다카란야 숲에서 강제이주를 강요하는 채굴기업들에 맞서 싸우는 아디바시 여성 혁명위원회 소속 9만 명의 여성들과 거리를 두려 하는가? 수백만 여성들이 소유하고 일하던 땅을 빼앗기고 쫓겨나는 것은 어째서 페미니즘의 문제가 될 수 없는가?

자유주의적 페미니스트운동이 풀뿌리 반제국주의와 반자본주의 인민운동들과 갈라선 것은 재단들의 사악한 획책 탓이 아니었다. 그 운동들이 1960년대와 1970년대의 급속한 여성 과격화에 적응하고 받아들이지 못한 것이 그 발단이었다. 진보를 자처하는 좌파 지도자들은 물론이고 전통적인 사회의 폭력과 가부장제에 대한 여성들의 인내심이 점점 고갈되는 것을 눈치챈 재단들은 그 틈새를 파고들어 후원과 자금을 지원하는 천재성을 발휘했다. 인도 같은 나라에서는 시골과 도시의 경계선이 종파 분립의 경계선이기도 하다. 대다수 급진적인 반자본주의 운동들은 여성들의 삶이 여전히 가부장제에 예속된 시골을 본거지로 한다. 이런 운동들(낙살라이트운동처럼)에 참여한 도시 출신 여성 운동가들은 서구 페미니스트운동으로부터 영향과 영감을 받았고, 해방을 향한 그들의 노정은 남성 지도자들이 당연한 듯 부과하는 의무들과 종종 어긋났다. "대중"의 눈높이에 맞추라는 것이 그 의무였다. 많은 여성 운동가들은 "혁명"이 오면 매일의 삶의 억압과 차별(동료들에게 당하는 것을 포함해서)이 끝날 것이라고 믿으며 기다리는 것을 그만두었다. 성 평등이 그저 혁명 후의 약속이 아니라 그 혁명 과정의 절대적이고 시급하고 타협 없는 일부가 되기를 원했다. 분노와 환멸에 찬 지적인 여성들은 대열에서 이탈해 다른 곳에서 지지와 양분을 찾기 시작했다. 그 결과, 인도시장들이 개방되던 1980년대 후반 무렵, 인도의 자유주의적 페미니스트운동은 비정부기구들에 주도권을 빼앗겼다. 이 비정부기구들 중 다수는 성소수자 인권, 가정폭력, 에이즈, 그리고 성노동자 인권 문제에서 중대한 역할을 해왔다. 그러나 의미심장하게도 자유주의적 페미니스트운동은 새로운 경제정책들에 대항하는 전선에 서지 않았다. 여성이야말로 그로부터 가장 큰 고초를 겪고 있음에도 말이다. 재단들은 기금 출연을 주무름으로써 "정치적" 활동의 허용 범위를 제약하는 데 대체로 성공을 거두어왔다. 이제 무엇이 여성의 "문제들"이고 무엇은 그렇지 않은가를 판정하는 기준은 자금을 지원하는 비정부기구들의 신념이다.

또한 여성운동의 비정부기구화는 서구 자유주의 페미니즘(그것이 페미니즘 중 가장 자금 사정이 좋은 브랜드이기 때문에)을 페미니즘에서 가장 중요한 분파로 만들었다. 늘 그렇듯 그 전투의 전장은 여성의 신체다. 한쪽 끝은 보톡스를, 다른 쪽 끝은 부르카를 붙들고 늘어진다. (보톡스 **그리고** 부르카, 이중으로 시달리는 사람들도 있다.) 최근 프랑스에서 벌어진 상황처럼, 스스로가 원하는 선택을 내릴 수 있는 환경을 만드는 게 아니라 여성들에게서 강제로 부르카를 벗기려 한다면, 이는 그 여자를 해방시키는 것이 아니라 옷을 벗기는 것이다. 그것은 모욕인 동시에 문화적 제국주의의 행위가 된다. 여성의 부르카를 강제로 벗기는 것은 강제로 입히는 것과 똑같이 잘못이다. 중요한 것은 부르카가 아니다. 강제다. 사회적, 정치적, 경제적 맥락을 떠나 이런 식으로 젠더를 보면 젠더는 정체성의 문제가 아니라 장신구와 복식들의 전투가 되고 만다. 그 덕분에 2001년에 아프가니스탄을 침공한 미국 정부는 서구 페미니스트 자유주의 단체들을 도덕적 방패로 내세울 수 있었다. 아프가니스탄 여성들은 당시(그리고 지금도) 탈레반 치하에서 끔찍한 고통을 겪었다. 하지만 그들에게 데이지커터•를 떨어뜨리는 게 그 해결책이 될 수야 없지 않은가.

기묘하고 온건한 특유의 언어를 진화시켜온 비정부기구의 우주에서는 모든 것이 "주제", 별개이고 전문적이고 각별한 관심이 필요한 이슈가 된다. 공동체 발전, 리더십 개발, 인권, 건강, 교육, 여성의 재생산권, 에이즈, 에이즈에 걸

• 폭격기에서 투하하는 강력폭탄으로 넓은 면적에 대규모 피해를 입힌다.

린 고아들…… 모든 것이 각자의 탑에 유폐되고, 제각기 자금을 지원하는 정교하고 정확한 목적이 있다. 펀딩은 억압만으로는 결코 해내지 못했을 방식으로 연대를 파편화시켰다.

가난 또한 페미니즘처럼 종종 정체성 문제의 프레임에 갇히고 만다. 빈민은 불의로 인해 만들어진 것이 아니라 그저 우연히 **생겨난** 잃어버린 부족일 뿐이고, 고충 해결 시스템(비정부기구들에 의해 개인적이고 일대일 기반으로 집행되는)은 그들에게 단기 구제책을 제공할 것이며, 장기적으로는 좋은 정치가 그들을 되살려줄 것이다. 전 지구적 기업 자본주의의 정권하에서라면 말할 필요도 없는 이야기다.

"빛났던" 광야에서의 짧은 기간•이 지나자 인도의 가난은 이국적 정체성이 되어 예술로 귀환했고, 〈슬럼독 밀리어네어〉 같은 영화들이 그 선봉에 섰다. 빈민을 그린, 그들의 놀라운 정신력과 회복력을 그린 이야기들에 악당은 등장하지 않는다. 서사적 긴장과 지역색을 보태주는 조무래기들만 있을 뿐이다. 이런 작품들의 창작자들은 초기 인류학자

• 1998~2004년의 집권기간 동안 6퍼센트의 높은 경제성장률을 거둔 인도인민당은 2004년 인도 총선 당시 '빛나는 인도'라는 슬로건을 내세웠다.

들의 후예들이다. "현장에서"의 작업으로, 미지의 세계로 용감한 여정을 떠나 찬양과 명예를 얻었던 이들. 하지만 부자들이 그런 식으로 관찰대상이 되는 일은 드물다.

정부를, 정당들을, 선거를, 법정을, 미디어를, 그리고 진보적 여론을 관리하는 법을 알아낸 신자유주의의 기구는 또하나의 도전에 직면했다. 커져가는 불안에, "민중의 힘"의 위협에 어떻게 대처할 것인가. 그것을 길들일 방법은 무엇인가? 이 저항자들을 어떻게 유순한 애완동물로 바꿀 것인가? 어떻게 사람들의 분노를 빨아들여 그것을 막다른 골목으로 틀어버릴 것인가?

재단들과 그 동맹인 조직들은 이 방면에서도 걸출하고 오랜 역사를 자랑한다. 그 한 예로, 1960년대 미국에서 흑인 민권운동을 약화시키고, 과격주의와 결별시키고, 블랙 파워를 블랙 자본주의로 성공적으로 변화시키는 과정에서 그들이 보여준 활약은 혀를 내두를 만하다.[55]

록펠러 재단은 J. D. 록펠러의 이상을 받들어, 마틴 루서 킹 시니어(마틴 루서 킹 주니어의 부친)와 긴밀히 협력해왔다. 그러나 그의 영향력은 학생비폭력조정위원회와 흑표당

(black panthers) 같은 좀더 군사적인 조직들의 부상과 더불어 기울었다. 포드 재단과 록펠러 재단은 그 틈새를 파고들었다. 1970년에 그들은 "중도적" 흑인조직들에 1500만 달러를 출연해 인력과 보조금과 연구비와 장학금과 중퇴생들을 위한 직업훈련 프로그램들을 설립하고 흑인 소유 기업들을 위한 종잣돈을 내놓았다.[56] 억압, 내분, 그리고 펀딩이라는 단물은 급진적 흑인조직들을 갈수록 위축시켰다.

마틴 루서 킹 주니어는 자본주의와 제국주의, 그리고 인종차별주의와 베트남 전쟁 사이의 관계를 감히 천기누설했다. 그 결과 암살된 후에도 그는 기억만으로도 독소가, 공공질서에 대한 위협이 되었다. 재단과 기업들은 시장친화적 틀에 들어맞도록 그의 전설을 고쳐 쓰려고 무진 애를 썼다. 마틴 루서 킹 주니어 비폭력 사회변화연구소의 설립 및 운영보조금 200만 달러는 대부분 포드자동차, 제너럴모터스, 모빌, 웨스턴일렉트릭, 프록터앤드갬블, US 철강, 그리고 몬산토에서 나왔다. 그 연구소는 킹 도서관과 민권운동 기록보관소를 유지, 관리한다. 킹 연구소가 운영하는 다수의 프로그램들 중에는 "미국 국방부, 군종위원회 등과 긴밀히 협력하는" 프로젝트들이 있다.[57] 연구소는 "자유기업체제: 비폭력 사회변화의 매개체"라는 제목의 마틴 루서 킹 강의시리즈를 공동후원했다.[58]

아멘.

남아프리카의 반아파르트헤이트 투쟁중에도 그와 비슷한 개념적 쿠데타가 일어났다. 1978년 록펠러 재단은 미국의 대남아프리카정책에 관한 연구위원회를 조직했다. 위원회는 아프리카민족회의(ANC)에 대한 소련의 영향력 확대를 경고하면서, 모든 인종이 정치적 권력을 진정으로 공유할 경우 미국의 전략적이고 기업적인 관심사들(즉 남아프리카의 광물들에 대한 접근권)에 가장 이로운 결과가 나올 거라고 보고했다.

재단들은 아프리카민족회의를 후원하기 시작했다. 아프리카민족회의는 곧 스티브 비코의 흑인의식운동 같은 좀더 급진적인 조직들을 공격하기 시작했고, 어느 정도는 무력화시켰다. 남아프리카의 첫 흑인 대통령 자리에 오른 넬슨 만델라는 살아 있는 성자로 불렸는데, 그 이유는 단순히 감옥에서 27년을 보낸 자유의 투사이기 때문이 아니었다. 그보다는 그가 워싱턴 컨센서스•에 완벽한 경의를 표했기 때문이었다. 사회주의는 아프리카민족회의의 의제에서 사라졌다. 그토록 찬양과 갈채를 받은 남아프리카의 위대한 "평화로운 이행"은 사실 토지개혁과 보상, 그리고 남아프리카 광산들의 국유화가 무로 돌아갔다는 뜻이었다. 그 대신 사유화와 구조조정이 찾아왔다. 만델라는 남아프리카에서 민간인에게 주는 최고의 상(희망훈장)을 자신의 오랜 벗이자 후원자인 수하르토 장군에게 수여했다. 인도네시아에서 공산주의자들을 학살한 장본인에게 말이다. 오늘날 남아프리카에서는 메르세데스 벤츠를 모는 전직 급진주의자들과 노동조합원들의 조직이 나라 운영을 맡고 있다. 하지만 이는 흑인 해방의 신화가 영속되는 데 아무런 걸림돌도 되지 못한다.

미국에서 일어난 흑인 민권의 부상은 인도에 찬란한 영감을 주어 급진적이고 진보주의적인 달리트운동을 꽃피웠다. 흑표단의 군사주의적 정치학을 본뜬 달리트표범단 같은 조직들이 결성되었다. 그렇지만 달리트 권력 또한 정확히 똑같지는 않아도 비슷한 방식들로 균열되어 무력화되었

• 개발도상국에 대한 미국식 자본주의 국가발전 모델.

고, 우파 힌두조직들과 포드 재단의 큰 도움을 받으며 달리트자본주의로 변신하는 길을 순조롭게 가고 있다.

"비즈니스에서 뭔가 보여줄 준비가 된 달리트 주식회사는 카스트도 때려눕힐 수 있다." 인디언 익스프레스는 작년 12월에 그렇게 보도했다. 이어 달리트 인도 상공회의소의 한 원로의 말을 인용했다. "우리 사회에서 달리트 모임에 수상을 모셔오기란 어렵지 않습니다. 하지만 타타와 사진을 찍고 고드레지와 함께 점심식사를 하고 차를 마시는 것은 달리트 사업가들의 염원입니다. 그리고 그들이 성공했다는 증거지요."[59] 현대 인도의 상황을 감안할 때, 달리트 사업가들이 높은 위치에서 한 자리를 차지하는 것을 비난한다면 카스트주의적이고 반동적인 주장으로 들릴 것이다. 그렇지만 이것이 정말 그들의 염원이라면, 달리트 정치학의 사상적 골조라면, 그보다 서글픈 이야기가 또 있을까. 그리고 쓰레기를 맨손으로 치우고 인분을 머리에 이고 나르는 막노동으로 근근이 먹고사는 100만 명의 달리트에게 별 도움이 될 것 같지도 않다.

포드 재단에서 보조금을 받는 젊은 달리트 학자들을 비

판하는 데는 한계가 있다. 그런 재단이 아니면 과연 누가 인도의 카스트제도라는 오물통에서 기어나올 기회를 그들에게 제공하겠는가? 이런 사태 전환의 원흉으로 주로 욕을 먹어야 할 것은 인도의 공산주의 운동권이고, 그들은 마땅히 부끄러워해야 한다. 그 지도자들의 대부분은 줄곧 상위 카스트였다. 그들은 오랜 세월 카스트 개념을 마르크스주의 계급 분석에 억지로 꿰맞추려 애써왔다. 그리고 이론과 실천 모두 비참하게 실패했다. 달리트 공동체와 좌파 사이에 균열이 일어난 것은 선견지명 있는 달리트 지도자인 빔라오 암베드카르와 노동조합원이자 인도공산당 창립멤버인 S. A. 당게가 갈라서면서부터였다. 암베드카르 박사가 공산당에 환멸을 느끼게 된 계기는 1928년 뭄바이 섬유노동자 파업이었다. 노동계급의 연대를 아무리 외쳐봤자 실은 말뿐이고, 공산당은 "불가촉천민들"을 직조 분야에서 배제하는(오로지 임금이 더 낮은 방적 분야에서만 일할 자격을 주는) 데 양심의 가책을 느끼지 않는다는 사실이 그때 밝혀졌다. 직조작업은 실에 침을 묻혀야 했는데, 다른 카스트들이 그것을 "오염"이라고 여겼던 것이다.

암베드카르는 힌두 경전이 불가촉과 불평등을 제도화하는 사회에서 공산주의 혁명의 약속만 믿고 기다리기에는 "불가촉천민"을 위한, 사회적 권리와 민권을 위한 투쟁의 요구가 너무나 시급하다는 사실을 깨달았다. 그러나 암베드카르파와 좌파 모두 분열로 인해 막대한 대가를 치러야 했다. 달리트 인구의 엄청난 다수인 인도 노동계급의 척추가 입헌주의, 자본주의, 그리고 중요하지만 오랫동안 답보상태였던 정체성정치학의 브랜드를 실천하는 대중사회당 같은 정당들에게 해방과 존엄을 향한 엄청난 희망을 걸게 된 것이다.

앞서 보았듯 미국에서 기업 자선재단들은 비정부기구 문화를 조성했다. 인도에서, 목적이 분명한 기업 자선사업의 설립 열풍은 신경제학정책의 시대인 1990년대에 가장 가열되었다. 성법원의 회원권은 헐값에 살 수 있는 것이 아니다. 타타 그룹은 그 게걸스러운 하버드 경영대학원에 5000만 달러를, 그리고 코넬 대학교에도 따로 5000만 달러를 기부했다. 인포시스의 난단 닐레카니와 그 아내 로히니는 예일 대학교 인도이니셔티브•의 스타트업 기금으로 500만 달러를 기부했다. 하버드 인문학센터는 마힌드라 그룹의 아난드 마힌드라로부터 1000만 달러라는 전례없는 거액의 기부금을 받고 이제는 마힌드라 인문학센터로 간판을 바꿔 달았다.

인도 내 채굴과 금속과 전력 분야의 지분을 대거 소유한 진달 그룹은 진달 글로벌 로스쿨을 운영하며, 곧 진달 정부/공공정책대학원을 개원할 예정이다. (포드 재단은 콩고에 로스쿨을 하나 운영한다.) 난단 닐레카니가 출연해 설립한 뉴인디아 재단은 인포시스의 수익금으로 사회학자들에게 상금과 연구비를 제공한다. 진달 알루미늄사의 회장 겸 상무이사가 지원하는 시타람 진달 재단은 매년 농촌지역 개발, 빈곤 완화, 교육과 도덕성 증진, 환경 및 평화, 사회적 조화의 총 다섯 부문에서 공로자들을 선정해 각각 1000만 루피의 현금 포상을 제공하겠다고 공표했다. 현재 무케시 암바니가 지원하는 옵서버 연구재단은 록펠러 재단의 거푸집에서 태어났다. 은퇴한 정보원들, 전략분석가들, (국회에서는 서로 싸우는 척하는) 정치가들, 언론인들, 그리고 정

• 인도 및 남아시아를 주제로 하는 예술 및 과학 연구교수 프로그램.

책수립자들이 그 연구소의 "선임연구원" 및 자문 역으로 앉아 있다.

옵서버 연구재단의 목표는 충분히 단순해 보인다. "경제개혁을 위한 합의 도출에 조력하는 것." 그리고 공공여론을 조성하고 거기에 영향을 미치기 위해, "낙후된 지역에서 고용을 창출하고 핵과 생물학 및 화학적 위협들에 맞서는 실시간 전략 같은 다양한 분야들에서 유효한, 대안적 정책들"을 만들어내는 것이다.[60]

나는 처음에 옵서버 연구재단이 표명한 목표들 가운데서 "핵과 생물학 및 화학적 위협들"이 차지하는 비중에 어리둥절했다. 그렇지만 그 "협력단체들"의 기다란 목록에서 세계를 선도하는 군수업체들인 레이시온과 록히드마틴을 발견하자 그제야 살풋 감이 왔다. 레이시온은 2007년에 인도를 주력 관심국가로 선정한다고 발표했다.[61] 이는 인도의 연간 국방예산 320억 달러 중 적어도 일부는 레이시온과 록히드마틴이 제조하는 무기, 유도 미사일, 항공기, 전함, 그리고 감시장비에 쓰이게 된다는 뜻이 아닐까?

우리는 전쟁에서 싸우기 위해 무기가 필요한가? 아니면

무기시장을 만들기 위해 전쟁이 필요한가? 결국 유럽, 미국, 그리고 이스라엘 경제는 군수산업에 크게 의존한다. 그들이 중국에게 아웃소싱하지 않은 분야는 그것뿐이다.

미국과 중국 사이의 신냉전 상황에서, 인도는 이전 미-러간 냉전 때 파키스탄이 미국의 동맹으로서 했던 역할을 떠맡을 준비를 하고 있다. (이후 파키스탄이 어떻게 되었는지 좀 보시라.) 곧 살펴보겠지만, 인도와 중국 사이의 적대감덕에 재미를 보는 칼럼니스트들과 "전략적 분석가들" 중 다수는 인도-미국의 싱크탱크들 및 재단들과 직간접적 관계를 맺고 있다. 미국의 "전략적 파트너"가 된다는 것은 양국 수장들이 이따금씩 서로 살갑게 전화통화나 나눈다는 뜻이 아니다. 그것은 전방위적인 협력(개입)을 뜻한다. 이는 미국 특수부대들이 인도의 영토에 주둔한다는 뜻이다(펜타곤의 한 사령관이 최근 BBC에 그 사실을 확인해주었다). 첩보를 공유하고, 농업과 에너지정책들을 수정하고, 보건과 교육 부문을 전 지구적 투자에 개방한다는 뜻이다. 소매상까지 활짝 열어젖힌다는 뜻이다. 억센 파트너의 품에 안긴 채 끌려다니며 왈츠를 추던 인도가, 파트너가 싫증이 나는 순간 소각장에 던져지리라는 뜻이다. 이것은 평등한 협력 관계가 아니다.

옵서버 연구재단의 "협력단체들"의 목록에서는 그 외에도 랜드 코퍼레이션, 포드 재단, 월드뱅크, 브루킹스 연구소("미국 민주주의의 강화, 모든 미국민의 경제, 사회적 복지 함양과 안전과 기회 증진, 그리고 좀더 개방적이고 안전하고 번영하며 협력하는 국제체제 확보라는 광범위한 세 가지 목표를 전진시키기 위한 혁신적이고 실용적인 권고사항들을 제공하는 것"을 설립목표로 선포한)를 찾을 수 있다. 또한 독일의 로자 룩셈부르크 재단도 보게 될 것이다. (딱한 로자, 공산주의의 대의를 위해 목숨을 바친 사람이 그런 목록에 이름이 오르게 되다니!)

자본주의 체제란 응당 경쟁이 기반이건만, 먹이사슬의 꼭대기를 차지한 자들은 그간 포용과 연대의 능력을 보여주었다. 위대한 서구 자본주의자들은 파시스트, 사회주의자, 폭군, 그리고 군사독재자 들과 거래를 해왔다. 적응도, 꾸준한 혁신도 그들에게는 식은 죽 먹기다. 그들은 빠른 두뇌 회전과 엄청난 전략적 교활함을 과시한다.

하지만 경제 개혁을 강제로 밀어붙이는 데 성공했어도, 아무리 자유시장 "민주주의"를 들어앉히기 위해 전쟁을 벌이고 타국을 군사적으로 점령했어도, 자본주의는 위기에 처해 있고, 그 드러난 위기는 아직 빙산의 일각 수준이다. 마르크스는 말했다. "따라서 단언컨대 부르주아지는 결국 제 무덤을 팔 운명이다. 부르주아지의 실패와 프롤레타리아트의 승리는 똑같이 필연이다."[62]

마르크스의 시각에 따르면 프롤레타리아트는 지속적인 공격을 받아왔다. 공장들은 문을 닫고, 일자리들은 증발하고, 노동조합은 와해되었다. 유구한 세월 동안, 프롤레타리아트의 일원들이 서로 맞서 싸우게 만들기 위해 가능한 모든 수단이 동원되었다. 인도에서 그것은 힌두 대 무슬림, 힌두 대 기독교, 달리트 대 아디바시, 카스트 대 카스트, 지역 대 지역의 양상으로 나타났다. 그들은 전 세계적으로도 서로 맞서 싸우고 있다. 중국에서는 수없이 많은 파업과 소요들이 일어나고 있다. 인도에서는 세계에서 가장 가난한 사람들이 가장 부유한 기업들의 가는 길을 막아서려고 투쟁해왔다.

자본주의는 위기상태다. 낙수효과는 실패로 돌아갔다. 이제 분수효과 역시 난관에 봉착했다. 국제적 금융 붕괴가 임박했다. 인도의 성장률은 6.9퍼센트로 추락했다. 해외 투자도 빠져나가고 있다. 주요 국제기업들은 거대한 돈더미를 깔고 앉은 채 그걸 어디다 투자해야 할지, 금융위기가 어떻게 전개될지 몰라 갈팡질팡중이다. 전 지구적 자본이라는 대형버스에 커다란 구조적 균열이 발생했다.

자본주의의 진정한 "무덤 파는 자들"은 어쩌면 정작 망상에 빠져 헤매고 있는 자본주의의 제사장 자신들인지도 모른다. 이데올로기를 신앙으로 변화시킨 자들. 전략적인 면에서는 영리한 그들이 단순한 사실 하나를 어쩌면 그토록 이해하지 못하는지 나는 궁금하다. 자본주의가 지구를 파괴하고 있다는 사실 말이다. 자본주의를 늘 위기에서 건져냈던 해묵은 두 가지 수법, 즉 전쟁과 쇼핑은 단언컨대 효과가 없을 것이다.

나는 한참을 안틸라 앞에 선 채 저물어가는 해를 바라다보았다. 그 탑이 높이만큼 지하로도 깊이 뻗어 있는 모습을 마음속으로 그려보았다. 27층 높이에 맞먹는 곧은 뿌리가 땅 밑을 기어가면서, 토양 속 양분을 게걸스레 빨아먹고, 그것을 연기와 황금으로 바꾸어놓는 모습을.

암바니 일가는 왜 자기네 건물에 안틸라라는 이름을 붙였을까? 안틸라는 저 옛날 8세기의 이베리아 전설에 나오는 신화 속 섬들의 이름이다. 무슬림들이 히스파니아를 정복하자, 기독교를 믿는 서고트족 주교 여섯 명과 교구 주민들은 배를 타고 도피했다. 바다 위에서 며칠, 어쩌면 몇 주를 보낸 끝에 안틸라 제도에 도달한 일행은 그곳에 정착하여 새로운 문명을 건설하기로 마음먹었다. 그리고 야만인에게 점령당한 고향과의 연을 영영 끊는다는 상징적 행위로 배를 불살랐다.

자신의 탑에 안틸라라는 이름을 붙임으로써, 암바니는 고향의 빈곤 및 불결함과 연을 끊고 새 문명을 건설할 셈이었을까? 이것은 인도에서 가장 큰 성공을 거둔 분리독립운동의 마지막 행보일까? 중산층과 상류층이 외부우주로 떨어져나가는 것?

뭄바이에 밤이 내려앉자, 풀 먹인 리넨 셔츠를 입고 손에는 지직거리는 워키토키를 든 경비병들이 안틸라의 금지된

문간 앞에 나타난다. 유령들을 겁주어 쫓아내기 위함인지, 불이 밝혀진다. 동네 사람들은 안틸라의 밝은 빛 때문에 밤을 도둑맞았다고 투덜댄다.

어쩌면 이제는 밤을 되찾아와야 할 때가 아닐까.

제2장

# 안나는 도대체 무슨 생각일까

그의 수단은 간디주의적일지 몰라도, 그의 요구는 확실히 그렇지 않다.

텔레비전 화면을 통해 우리 눈에 보이는 것이 실제로 혁명이라면, 그것은 근래에 가장 당황스럽고 이해하기 어려운 혁명이라 해야 하리라. 여러분이 지금 잔록팔 법안(반부패법안)에 대해 뭔가 의문을 표한다면, 듣게 될 답은 아마 다음 넷 중 하나일 것이다. 상자에 표시하시오: (a) "반데 마타람"(나는 당신께 맹세한다, 어머니여)□; (b) "바라트 마타 키 자이"(어머니 인도의 승리를)□; (c) 인도는 안나고, 안나는 인도다□; (d) "자이 힌디"(인도 만세)□.

우리는 마오주의자들과 잔록팔 법안이 한 가지 공통점을 가졌다고 말할 수 있다. 양쪽 다 인도의 전복을 추구한다는 것이다. 비록 그 방식과 이유는 철저히 다르지만 말이다. 전자는 대체로 빈민 중에서도 최하층으로 이루어진 아디바시 육군의 무장투쟁을 수단으로 상향투쟁을 한다. 후자는 새로 급조된 성자 하나와 대체로 도시에 살고 확실히 형편이 더 좋은 사람들로 이루어진 군단으로, 간디주의적 무혈 쿠데타를 수단으로 하향작용을 한다. (그리고 정부는 자신을 전복시키려 하는 후자를 돕기 위해 갖은 노력을 아끼지 않는다.)

2011년 4월, 안나 하자레가 1차 "죽음을 각오한 단식"을 시작한 지 며칠 후, 그들의 신뢰도에 먹칠을 한 대규모 부패사건으로부터 주의를 돌리기에 급급했던 정부는 이 "민간협회" 그룹이 채택한 브랜드명인 '팀 안나'를 초빙해, 새로운 반부패법안을 위한 초안 작성 협력위원회에 참여시켰다.[1] 몇 달이 지나자 위원회는 애쓰는 시늉을 집어치우고 국회에 독자적인 법안을 올렸는데, 어찌나 허술했는지 진지하게 받아들이려야 받아들일 수 없는 수준이었다.

그후 2차 "죽음을 각오한 단식" 개시일인 8월 16일 아침, 안나 하자레는 미처 금식을 시작하기도 전에, 그 어떤 위법 행위를 저지르기도 전에 체포당해 투옥되었다. 잔록팔 법안의 실행을 위한 투쟁은 이제 저항할 권리를 위한 투쟁으로, 민주주의 그 자체를 위한 투쟁으로 통합되었다. 이 "2차 자유투쟁"이 일어나고 몇 시간 만에 안나는 석방되었다. 약삭빠르게도, 그는 석방을 거부하고 티하르 감옥의 명예손님으로 남아, 공공장소에서 단식을 할 권리를 요구하는 단식을 바로 그곳에서 시작했다. 그 사흘간 팀 안나의 멤버들은 군중과 텔레비전 취재차량이 모여 있는 경비가 삼엄한 감옥을 잰걸음으로 드나들면서 전국 텔레비전의 모든 채널에서 방영될 그의 영상메시지들을 실어날랐다. (또 어떤 사람이 이런 호사를 누릴까?) 그동안 15대의 트럭, 6대의 불도저, 그리고 델리 지방자치위원회의 250명의 직원들은 주말에 열릴 웅장한 쇼를 대비해 진창이 된 람릴라 땅을 고르기 위해 24시간 동안 쉬지 않고 일했다. 이제 안나는 구호를 외치는 군중과 크레인에 올려진 카메라를 목격자 삼아, 더없이 극진한 시중과 인도에서 가장 몸값 비싼 의사들의 보살핌을 받으며 제3차 "죽음을 각오한 단식"을 시작했다. "카슈미르에서 카니아쿠마리까지, 인도는 한마음입니다." 텔레비전 앵커들은 우리에게 그렇게 말한다.[2]

비록 방법은 간디주의적일지 몰라도, 안나 하자레의 요구사항은 확실히 간디주의적이지 않다. 잔록팔 법안은 간디의 권력분산론과 정반대인 드라콘•식 반부패법으로, 주의깊게 선정된 그 전문 집단은 위로는 수상, 사법부, 국회의원들 및 전체 관료제로부터 아래로는 가장 낮은 정부 공무원까지 모든 사람을 감시할 권력을 틀어쥔 수천 명의 직원으로 구성된 거대한 관료제를 운용하게 될 것이다. 록팔은 조사권, 감시권, 기소권을 가지게 될 것이다. 자체적인 감옥이 없다는 점만 빼면, 그것은 이미 우리가 가진 방만하고 책임감 없고 부패한 정부에 맞서 독립적 행정부 역할을 하려 들고 있다. 과두정이 하나에서 두 개로 늘어난 것이다.

그것이 제대로 돌아갈지는 우리가 부패를 어떻게 보느

• 엄벌주의로 유명한 고대 아테네의 법률가.

냐에 달렸다. 부패는 그저 법적인 문제, 재정적 변칙과 뇌물의 문제일 뿐인가, 아니면 갈수록 더 적은 소수의 손에 권력이 집중되는 터무니없이 불평등한 사회에서 이용되는 사회적 거래의 통화인가? 예컨대 쇼핑몰들로 이루어진 어떤 도시가 있다고 상상해보자. 그 도시에서는 길거리 행상이 금지되어 있다. 그래서 어떤 행상꾼이 쇼핑몰에서 물건을 살 형편이 안 되는 사람들에게 물건을 판다는 위법행위를 저지를 심산으로 지역을 순찰하는 경관과 지방의회 소속 의원에게 소액의 뇌물을 바친다. 이게 그렇게 끔찍한 일인가? 장차 그녀는 록팔 대표에게도 뇌물을 주게 될까? 보통 사람들이 직면하는 문제들을 해결하려면 구조적 불평등을 해결해야 하는가, 아니면 복종을 강요하는 또다른 권력구조를 만들어야 하는가?

한편 안나의 혁명에 이용된 소품들과 안무, 공격적 민족주의와 펄럭이는 깃발은 모두 하층민보호정책 반대시위, 월드컵 승리 퍼레이드, 그리고 핵실험 성공 축하연에서 빌려온 것이다. 이는 우리에게 그 단식을 지지하지 않으면 "진정한 인도인"이 아니라는 신호를 보낸다. 24시간 채널들은 그의 단식을 제외한 인도의 다른 모든 사안들은 보도할 가치가 없다고 판단했다.

여기서 "단식"은 물론 마니푸르의 병사들에게 의심만으로 죽일 권리를 부여하는 군사권한특별법에 맞서 10년도 더 지속된 이롬 샤밀라의 단식을 뜻하지 않는다(그녀는 지금 코를 통해 강제급식을 당하고 있다).• 또한 원자력발전소 반대시위중인 쿠단쿨람의 마을사람들 1만 명이 이어가고 있는 굶주린 단식을 뜻하지 않는다. 샤밀라의 단식을 지지하는 마니푸르 사람들은 "인민"에서 제외된다. 자가트싱푸르, 칼린가나가르, 니얌기리, 바스타르, 자이타푸르에서 무장경찰 및 채굴 마피아들과 대치중인 수천 명 역시 제외된다. 보팔 가스 유출사고의 피해자들, 또는 나르마다 계곡에 들어선 댐 때문에 고향에서 쫓겨난 사람들도 해당사항이 없다. 뉴오클라 산업발전지구나 푸네, 하리야나 같은 인도의 다른 지역에서 자행된 토지 수탈에 저항하는 농부들 역시 마찬가지다.

• 그는 2016년 8월 단식을 중단하고 2017년 주의회 선거에 무소속으로 출마할 의사를 밝혔다.

"인민"은 오로지 74세의 노인이 잔록팔 법안을 국회에 상정해서 통과시켜주지 않으면 굶어죽겠다고 협박하면서 벌이는 쇼를 보려고 모여든 관중만을 뜻한다. "인민"은 우리의 텔레비전 방송국들이 그리스도의 오병이어를 능가하는 기적을 일으켜 수백만 명으로 뻥튀기한 수만 명이다. "10억 명의 목소리가 말했습니다." 그들은 우리에게 말한다. "인도는 안나입니다."

이 새로운 성자, 인민의 목소리라 불리는 이 사람은 도대체 누구인가? 퍽 기묘한 것이, 우리가 보아온 바에 따르면 그는 시급한 문제들에 관해서는 입도 뻥긋하지 않는다. 자신의 동네에서 농부들이 자살하는 것이나, 또는 더 멀리서 벌어지는 녹색사냥 작전에 관해서도 마찬가지다. 싱구르, 난디그람, 랄가르에 관해서도, 포스코에 관해서도,• 농부들의 소요에 관해서도, 또는 경제특구들에서 발생하는 마름병에 관해서도 그는 입을 꾹 다물고 있다. 중앙인도의 숲에 육군을 배치하려는 정부의 계획에 관해서도 아무런 의견이

• 오디샤 주정부는 자가트싱푸르 지역 마을 다섯 곳에 한국기업 포스코의 제철소를 세우기 위해 강제퇴거를 강행했다.

없어 보인다.

그러나 그는 확실히 라즈 태커레이•와 마라티족의 외국인 혐오를 지지하고 2002년 무슬림 집단학살을 지휘한 구자라트 주총리의 "개발모델"을 칭찬한 바 있다. (안나는 대중의 항의를 받은 후 그 발언을 철회했지만, 아마 감탄까지 철회하지는 않았으리라.[3])

그런 소음의 와중에서도, 진지한 언론인들은 언론인들이 할 일을 하고 있다. 안나와 극우 라쉬트리야 스와얌세박상••의 오랜 관계에 관한 뒷소문이 근래 우리 귀에 들어왔다.[4] 안나의 고향마을 랄레간 시디의 마을공동체를 연구해 온 무쿨 샤르마가 제공한 정보에 따르면, 그곳에서는 지난 25년간 그람 판차야트•••나 협동 사회투표가 전무했다. 우리는 "하리잔들"••••에 대한 안나의 태도를 익히 알고 있다. "모든 마을이 하나의 샤마르, 하나의 수나르, 하나의 쿠마르 등등을 가져야 한다는 것이 마하트마 간디의 시각이었습니

• 마라티족의 터전인 마하라슈트라 주를 기반으로 하는 극우 힌두교 정당 마하라슈트라 나브니르만 세나의 당수로, 인종적 적대감을 정치적 자산으로 삼는다는 비난을 받고 있다.
•• RSS. 인도인민당을 떠받치는 힌두 민족주의 조직.
••• 인도의 마을 자치제도인 마을위원회.
•••• 불가촉천민인 달리트의 미화어로 간디가 사용하면서 대중화되었지만 현대에 와서는 멸칭으로 쓰인다.

다.• 그들이 모두 자기들 역할과 직업을 따라 맡은 바를 다함으로써 한 마을은 독립적으로 운영될 것입니다. 우리가 랄레간 시디에서 하고 있는 일이 바로 이것입니다."[5] 팀 안나의 일원들이 하층민보호정책 반대캠페인(프로-"메리트")을 펼치는 평등청년회와도 줄이 닿아 있다는 게 과연 놀라운 사실일까? 그 캠페인을 관장하는 사람들은 두둑한 지원금을 받는 일련의 비정부기구 운영자들로, 후원사들 중에는 코카콜라와 리먼 브러더스도 있다. 팀 안나의 핵심 인물인 아르빈드 케지리왈과 마니시 시소디아가•• 운영하는 카비르는 지난 3년간 포드 재단에서 40만 달러를 수령했다.[6] 반부패 전국 캠페인의 협찬사들 중에는 알루미늄공장들을 소유하고, 항구와 경제특구를 건설하고, 부동산기업들을 운영하고, 수백억 루피를 운용하는 금융제국을 관할하는, 정치가들과 긴밀히 연계된 인도의 기업과 재단들이 속해 있다. 그들 중 일부는 현재 부패를 비롯한 혐의들로 조사를 받는 중이다. 이런 사람들이 왜 그토록 열의를 보일까?

• 샤마르는 달리트 계급, 수나르는 대장장이 계급, 쿠마르는 옹기장이 계급.
•• 아르빈드 케리지왈은 델리의 주총리, 마니시 시소디아는 델리의 주부총리.

잊지 말자. 잔록팔 법안의 캠페인은 위키리크스의 당황스러운 폭로와 2G 스펙트럼 사기를 비롯한 일련의 부패사건들이 터진 것과 동일한 시기에 달궈졌다. 그 사기사건들에서 인도인민당은 물론이고 대기업, 중견 언론인, 그리고 정부 총리들과 국회 정치가들이 다양한 방식으로 공모하여 공공자금에서 수백억 루피를 빼돌렸음이 발각되었다. 언론인-로비스트들이 그처럼 비난받은 것은 오랜만이었고, 기업 인도(Corporate india)의 몇몇 주요 수장들이 실제로 감옥에 갈 듯한 상황이었다. 인민의 반부패 시위에는 완벽한 타이밍이었다. 그런데 정말 그랬을까?

국가가 그 종래의 의무들에서 물러나고 기업과 비정부기관들이 정부 기능들(물 공급, 전력, 운송, 원격통신, 채굴, 보건, 교육)을 차지한 시기, 기업 소유 미디어가 그 무시무시한 권력과 범위로 대중의 머릿속을 지배하려 하는 시기라면, 다들 이 단체들(기업들, 미디어, 그리고 비정부기구들)이 록팔 법안의 적용대상에 포함될 거라고 생각할 것이다. 그러나 발의된 법안은 그들을 쏙 빼놓았다.

다른 누구보다도 더 큰 소리로, 사악한 정치가들과 정부의 부패라는 주제를 집요하게 공격하는 캠페인을 밀어붙이는 아주 영리한 술수를 통해 그들은 이제 혐의를 벗었다. 그리고 설상가상으로, 오로지 정부만을 악마화함으로써 스스로 설교단에 올라섰다. 그들은 그 설교단에서 국가가 공적 영역에서 더욱 물러나야 한다며 2차 개혁을 요구하고 있다. 더 많이 민영화하고 인도의 공적 사회기반시설과 천연자원을 더 많이 손에 넣기 위해서다. 어쩌면 기업들의 부패가 합법화되어 로비요금이라는 이름으로 불리게 되는 날이 그리 머지않았는지도 모른다.

사람들을 가난하게 만들고 이 나라를 내전으로 몰아가는 정책들의 강화로 하루 20루피로 살아가는 8억 3000만 명이 정말 득을 보게 될까?

이 심각한 위기의 원인은, 인도의 대의민주제가 철저히 실패하여 더이상 인민의 대표가 아닌 백만장자 정치가들과 범죄자들이 입법부를 온통 차지하고 있다는 것이다. 보통 사람들은 단 하나의 민주적 제도에도 접근할 수 없는 형편이다. 펄럭이는 깃발에 속지 말자. 인도는 우리 눈앞에서 아프가니스탄의 군벌들이 벌이는 전투들 못지않게 목숨이 걸린, 종주권을 둘러싼 전쟁으로 갈가리 찢기고 있다. 다른 점이라고는 훨씬 더 많은 것이 걸려 있다는 것뿐이다.

제3장

# 죽은 남자가 말을 하다

2011년 9월 23일 새벽 3시경, 미국의 라디오 언론인 데이비드 바사미언은 델리 공항에 도착한 지 몇 시간 만에 추방당했다.[1] 독립적으로 제작한 프로그램을 공영 라디오에 무료로 제공하는 이 위험인물은 40년간 인도를 드나들면서 우르두어를 배우고 시타를 연주하는 등 위험한 행위를 해왔다. 또한 에드워드 사이드, 놈 촘스키, 하워드 진, 에크발 아흐마드, 타리크 알리 같은 사람들과의 인터뷰를 책으로 출간하기도 했다. (촘스키와 에드워드 S. 허먼의 『여론조작』을 토대로 한 피터 윈토닉의 다큐멘터리 필름에서는 나팔바지 차림의 젊은 인터뷰어로 등장하는 그를 볼 수 있다.) 그리고 가장 최근 인도를 찾았을 때는 활동가, 학자, 영화제작자, 언론인, (나를 포함한) 작가 들과 일련의 라디오 인터뷰를 했다. 바사미언은 작업을 위해 터키, 이란, 시리아, 레바논, 그리고 파키스탄을 돌아다녔다. 그 나라들에서는 한 번도 추방당한 적이 없었다.

그렇다면 시타를 연주하고 우르두어를 할 줄 아는, 좌파 성향의 이 라디오 방송 제작자는 어쩌다 세계 최대의 민주주의 국가에서 요주의 인물이 되었을까? 바사미언 본인의 설명에 따르면 그 이유는 다음과 같다. "다 카슈미르 때문이죠. 저는 자르칸드, 차티스가르, 서벵골, 나르마다 댐들, 농민들의 자살, 구자라트 집단학살, 그리고 비나야크 센• 사건을 다뤘습니다. 하지만 인도의 국가적 우려의 핵심은 카슈미르입니다. 공적 서사에 맞서서는 안 되는 거죠."

그의 추방을 다룬 뉴스들은 공식 "출처"를 인용해 바사

• 인도시민자유연합의 부대표로, 차티스가르 주의 특별공공안전법을 위반한 혐의로 2007년 수감되었다.

미언이 "2009~2010년 인도 방문 당시 비자규정을 위반하고 관광비자로 직업활동을 했다"고 보도했다.[2] 인도에서 비자 규정은 정부의 골칫거리와 총애대상을 구분해주는 흥미로운 시험지다. 내무부는 테러와의 전쟁이라는 낡아빠진 배너 뒤에 숨어서, 회담이나 세미나에 초청된 학자와 교수진은 보안절차를 통과해야만 비자를 발급한다는 법령을 발표했다. 이는 기업 경영진과 사업가들에게는 해당되지 않는다. 댐에 투자하거나 제철소를 짓거나 보크사이트 광산을 매입하려는 사람은 위험인물에서 제외되지만, 예컨대 민간인의 이동이나 공동체주의, 또는 경제의 세계화와 영양실조 증가의 관계를 다룬 세미나에 참석하러 온 학자는 위험인물로 간주될 수 있다는 이야기다. 음모를 꾸미고 있는 외국 테러리스트들은 아마도 낡은 코듀로이 재킷을 입고 세미나에 참석하러 왔다고 말하는 대신 프라다 정장을 입고 광산을 사러 왔다고 말하는 편이 유리하다는 사실을 지금쯤 알아차리지 않았을까. (어쩌면 일각에서는 프라다 정장을 입은 광산 매입자들이야말로 진정 테러리스트라고 생각할 수도 있겠지만.)

데이비드 바사미언이 인도에 온 것은 광산을 사거나 학회에 참석하기 위해서가 아니었다. 그저 사람들과 이야기를 나누기 위해서였다. "공식 소식통"에 따르면 그에게 불만이 제기된 이유는 마지막으로 인도를 찾았을 때 그가 잠무와 카슈미르에서 벌어진 일들을 공론화했다는 것, 그리고 그가 전한 내용이 "사실에 기반하지 않았다는 것"이다. 자, 생각해보자. 바사미언은 기자는 아니지만 사람들과 장시간 라디오 인터뷰를 해온 언론인이다. 그는 대체로 반체제인사들을 인터뷰하며, 그들이 살고 있는 사회를 다룬다. 관광객이 관광을 가서 그 나라의 국민들과 이야기를 나누는 것이 불법인가? 내가 미국이나 유럽으로 여행을 가서 만난 사람들에 관해 글을 쓰면, 아무리 내 글이 "사실에 기반하지 않았"어도, 그게 불법이 될 수 있을까? 어떤 "사실들"의 옳고 그름은 누가 결정하는가? 만약 바사미언이 기록한 인터뷰들의 주제가 군사 밀집도가 세계에서 가장 높은 지역(인구 1000만 명에 대해 60만 명의 병력이 배치된)에서의 삶이 아니라 카슈미르 선거의 놀라운 결과들에 대한 찬양이었다면 그가 추방당했을까?[3] 혹은 그 인터뷰들이 3년에 걸쳐 여름마다 일어난 대규모 비무장폭동(24시간 방영하는 미디어에서 아무런 주목을 끌지 못했고, 아무도 "카슈미르의 봄"이라고 불러줄 생각을 하지 못한)이 아니라 2005년의 지진 때 육군이 벌인 구조작전을 다뤘다면 어땠을까?

데이비드 바사미언은 카슈미르에 대한 인도 정부의 예민함 때문에 추방당한 최초의 인물이 아니다. 샌프란시스코 출신의 인류학자인 리처드 샤피로 교수는 2010년 11월에 아무런 이유도 듣지 못한 채 델리 공항에서 추방당했다. 우리 중 다수는 그것이 그와 손을 잡고 인권과 정의를 위한 국제인민재판소를 소집한 안가나 샤테르지에 대한 정부의 응징방식이었다고 믿는다. 그 법정은 카슈미르에 수없이 널린 이름 없는 무덤들에 대한 국제적 관심을 처음 불러일으켰다.[4] 2014년 5월 28일에, 인도에서 유명한 민주주의 인권운동가로 목소리를 내온 가우탐 나블라카가 스리나가르 공항에서 델리로 추방당했다. (카슈미르의 전 주총리인 파루크 압둘라는 "카슈미르는 불을 지를—무슨 소린진 모르겠지만[5]—곳이 아니기 때문에" 가우탐 나블라카와 나 같은 작가들은 그곳에서 볼 일이 없다며 그 추방을 정당화했다.) 카슈미르는 국경수비대들이 만드는 두 동심원에 갇혀 (스리나가르와 델리에서) 바깥세계로부터 단절된 채 고립되어 가는 처지다. 마치 별도의 비자규정을 가진 자유국가 같다. 물론 그 경계 안쪽은 정부와 군대의 수렵허가구역이다. 뇌물, 위협, 협박, 그리고 공들여 연마한 이루 말할 수 없이 잔인한 수법들을 총망라해 카슈미르의 언론인과 일반인을 통제하는 기술은 이제 가히 하나의 예술형식으로 진화했다.

그러나 정부가 이처럼 살아 있는 사람들의 입을 막으려고 애쓰는 사이, 죽은 자들이 목소리를 높이기 시작했다. 바사미언이 카슈미르 여행계획을 세운 것은 마침 인도 인권위원회가 카슈미르의 세 구역에 존재하는 표지 없는 무덤 2700구의 존재를 마지못해 인정해야 하는 굴욕을 당한 직후였다. 눈치가 없었다고 해야 할까. 한편 그 밖의 구역들에서도 다른 수천 구의 무덤들에 대한 보고가 쏟아져나오고 있다. 유엔 인권위원회의 평가를 앞둔 시점에 인도 정부에게 그런 식으로 굴욕을 주다니, 이름 없는 무덤들은 참 눈치도 없지.

위험인물인 데이비드는 그렇다 치고, 이 세계 최대의 민주주의 국가가 두려워하는 또다른 인물이 있다. 그 인물, 차티스가르 주 단테와다 출신 아디바시족 젊은이인 린가람 코도피는 2011년 9월 9일에 체포당했다.[6] 철광석 채굴기업인 에사르로부터 받은 보호금을 불법결사인 마오주의인도공산당에게 건네는 그를 시장에서 현행범으로 검거했다는 것이 경찰 측의 설명이다. 그러나 소니 소리는 자신의 조카인 린가람 코도피가 팔나르 마을의 할아버지댁으로 들이닥친 흰 볼레로 차림의 사복경찰들에게 잡혀갔다고 증언했다. 이제 소니 또한 도피중이다.[7] 흥미롭게도, 경찰 측의 설명을 그대로 믿는다면 경찰이 린가람을 체포하면서 마오주의자들은 도망치도록 놔두었다는 이야기가 된다. 사실 경찰은 그 외에도 말이 안 되다못해 제정신인가 싶은 죄목으로 린가람을 연달아 기소하고 각하된 전적이 있으니, 이는 그저 가장 최근의 예에 불과하다. 그의 진짜 죄목은 그가 지역언어인 곤드어를 할 줄 알며, 아무런 소식도 새어나와서는 안 되는 인도의 또다른 전쟁지역인 차티스가르 주 단테와다의 외딴 숲길들을 아는 유일한 언론인이라는 것이다.

중앙인도에서 일련의 비밀 양해각서들로 (헌법은 물론이고 온갖 법을 모조리 위반하면서) 다국적 채굴기업들과 사회기반시설 관련 기업들에 토착부족들의 방대한 고향 땅을 넘겨준 정부는, 수십만 병력의 치안부대를 숲에 홍수처럼 쏟아붓기 시작했다. 무장을 갖췄든 안 갖췄든 저항자는 "마오주의자"로 낙인찍혔다. (카슈미르에서 더 즐겨 쓰이는 표현은 "지하디 분자들"이다.) 내전이 더 맹렬해지면서 수백 곳의 마을이 잿더미가 되었다. 수천 명의 아디바시족 주민들이 난민 신세가 되어 이웃한 주들로 도피했다. 아직도 수십만 인구가 공포에 질려 숲속에 숨어 살고 있다. 준군사부대들은 숲을 포위했다. 경찰이 상점가를 순찰하기 때문에, 마을사람들이 생필품과 의약품을 사러 가는 길은 악몽이 되고 말았다. 그 수를 다 헤아리지 못할 이름 모를 사람들이 난동교사 및 국가반란죄로 변론해줄 변호사들도 없이 감옥에 갇혀 있다. 이런 숲들에서는 소식이 거의 새어나오지 않고, 사망자 집계도 전무하다.

그러니 젊은 린가람 코도피가 그처럼 위험인물로 취급되는 이유가 쉽게 짐작이 갈 것이다. 언론인이 되기 위해 공부하기 전, 그는 단테와다에서 운전기사로 일했다. 2009년에 경찰이 그를 체포하고 지프를 압류했다. 그는 40일간 좁은 화장실에 갇힌 채 당시 마을사람들을 마을에서 강제로 퇴거시킬 임무를 맡은, 정부가 후원하는 자경군인 살와 주둠의 특수경찰대에 가담하라는 강요를 받았다. (살와 주둠은 그 이후 대법원에서 위헌결사로 판결이 났다.[8]) 간디주의 운동가인 히만슈 쿠마르가 법정에 인신 보호 청원을 내자 경찰은 린가람을 풀어주었다.[9] 하지만 그 대신 린가람의 늙은 아버지와 그의 식구 다섯 명을 붙잡아 갔다. 그리고 그의 마을을 공격하고 사람들이 그에게 피신처를 제공하지 못하도록 겁을 주었다. 결국 린가람은 델리로 도피했고, 그곳에서 친구들과 후원자들의 도움에 힘입어 언론학교에 입학했다. 2010년 4월 단테와다로 돌아간 그는 살와 주둠, 경찰, 그리고 준군사부대들의 야만행위를 목격한 이들과 희생자들을 델리로 안내하여 독립인민법정에서 증언할 수 있도록 도왔다. (린가람 역시 직접 증언대에 올라 마오주의자들에 대해서도 날선 비판을 가했다.[10])

차티스가르 경찰은 거기서 단념하지 않았다. 2010년 7월

2일, 원로 마오주의자이자 지도자로 마오주의인도공산당의 공식 대변인인 아자드 동지가 안드라프라데시 경찰에 붙잡혀 처형당했다.[11] 차티스가르 경찰의 칼루리 부감찰관은 기자회견에서 마오주의당이 아자드 동지의 공석에 린가람 코도피를 선출했다고 발표했다. (이는 1936년 옌안에서 한 어린 학생을 저우언라이•라며 고발하는 격이었다.) 엄청난 조롱이 쏟아지자 경찰은 그 고발을 철회해야 했다.[12] 또한 경찰은 린가람이 단테와다의 한 국회의원에 대한 마오주의 테러를 지휘했다고 몰기도 했다. 그렇지만 경찰은 이미 너무 멍청하고 뒤끝 긴 인상을 자초한 터라, 때를 기다리기로 마음먹었다.

린가람은 델리에 남아서 학업을 마치고 언론학교 졸업장을 받았다. 2011년 3월에 준군사부대들이 단테와다의 세 마을, 타드메틀라, 티마푸람, 그리고 모라팔리를 불태웠다.[13] 차티스가르 주정부는 마오주의자들에게 협의를 뒤집어씌웠다. 대법원은 중앙조사국에 수사를 맡겼다. 린가람은

• 周恩來. 중국의 정치가. 마오쩌둥과 함께 문화대혁명 이후의 혼란을 수습하여 중국공산당의 이인자 역할을 수행한 인물.

비디오카메라 한 대를 들고 단테와다로 돌아와 마을에서 마을로 발로 뛰며 사람들의 육성 증언을 기록했다. 마을사람들은 경찰을 고발했다. (그중 일부는 유튜브에서 볼 수 있다.[14]) 이렇게 그는 단테와다에서 가장 높은 현상금이 걸린 인물 중 하나가 되었다. 마침내 9월 9일에 경찰이 그를 덮쳤다.

린가람은 차티스가르의 골칫거리 소식통과 선동가들의 인상적인 대열에 합류했다. 맨 처음 입이 틀어막힌 사람들 중에는 저 유명한 의사 비나야크 센이 있었는데, 그는 이미 2005년부터 살와 주둠의 범죄들에 관해 경보를 울리고 있었다. 2007년에 붙잡힌 그는 마오주의자로 기소되어 종신형을 언도받았다. 감옥에서 몇 년을 보낸 후, 지금은 보석으로 석방되었다.[15] 비나야크 센을 뒤이어 투옥된 사람들 중에는 피유시 구하와 영화제작자인 아자이 T. G.도 있었다.[16] 둘 다 마오주의자로 고발당했다. 이들의 체포는 차티스가르의 활동가들에게 오싹함을 안겼지만, 그들이 하던 일을 그만두게 하지는 못했다. 코파 쿤잠은 히만슈 쿠마르의 반스바시 체트나 아쉬람•과 손을 잡고 린가람이 그로부터 한참 뒤에 하고자 한 바로 그 일을 하고 있었다. 외딴 마을들로 찾아가 취재한 소식을 외부에 전하고, 거기서 벌어지고 있던 끔찍한 일들을 주의깊게 기록하는 것이었다. (그는 단테와다의 숲속 마을들로 나를 처음 안내해준 사람이다.) 이 문서기록의 많은 부분은 차티스가르 주정부의 근심과 불편함의 근원이 된 법정사건들로 이어졌다. 2009년 5월, 단테와다로 여행하던 언론인들, 작가들, 그리고 교수들의 마지막 중립적 피신처인 반스바시 체트나 아쉬람이 차티스가르 주정부에 짓밟혔다.[17] 코파는 2009년 12월 인권의 날에 체포당했다. 마오주의자들과 결탁해 한 남자를 살해하고 다른 한 남자를 납치한 혐의였다.

납치 피해자 본인을 포함한 경찰 측 목격자들이 스스로 증언들을 부인하고 나서면서 코파에 대한 고발은 허물어지기 시작했다.[18] 사실 그건 아무래도 상관없는 일인데, 인도인이라면 누구나 그 과정 자체가 **응징임을** 알기 때문이다. 코파가 무죄를 확정받으려면 수년은 걸릴 테니, 그때쯤 가서는 체포의 목적이 달성되었으면 하는 것이 경찰의 바람이다. 코파로부터 용기를 얻어 경찰에 진정을 넣은 많은 마

● 힌두인들이 머물며 수행하는 사원.

을사람들 역시 체포당했다. 일부는 아직도 감옥에 갇혀 있다. 다른 사람들은 특수경찰관들이 관리하는 길거리 수용소 신세가 되었다. 강간당하는 범죄를 저지른 수많은 여성들 역시 같은 처지다. 코파가 체포당한 직후 히만슈 쿠마르는 시달림을 견디다못해 단테와다를 떠났다. 2010년 9월에는 또다른 아디바시족 활동가인 카르탐 조가가 체포당했다. 2007년에 살와 주둠이 밥 먹듯 저지른 인권 침해들에 관해 대법원에 청원을 올린 것이 그의 죄였다. 그는 2010년 4월에 마오주의자들과 결탁해 타드메틀라에서 76명의 중앙무장경찰부대원들을 살해한 혐의로 기소되었다. 카르탐 조가가 속한 인도공산당은 마오주의자들과 좋게 말하면 긴장관계, 그렇지 않으면 적대적 관계인데도 말이다. 국제앰네스티는 그를 양심수로 명명했다.[19]

그러는 동안에도, 체포는 끊이지 않고 계속된다. 경찰이 올린 초기 정보보고서를 잠깐만 들여다봐도, 단테와다의 정당한 법 절차라는 무시무시한 사업이 어떻게 돌아가는지를 꽤 명확히 알 수 있다. 수많은 초기 정보보고서의 내용은 정확히 동일하다. 피고들의 이름, 날짜, 범죄의 성격, 그리고 목격자들의 이름은 판에 박힌 틀에 그냥 입력된다. 감독자는 없다. 대다수 관련자들은, 목격자나 죄수나 마찬가지로, 읽고 쓸 줄 모른다.

언젠가는 단테와다의 죽은 이들도 말을 하기 시작할 것이다. 죽은 사람들뿐만이 아니다. 죽은 토지, 죽은 강, 죽은 산, 그리고 죽은 숲속의 죽은 생물들이 청문회를 요구할 것이다.

그러는 사이에도 삶은 이어진다. 옥죄어오는 감시망, 인터넷 사찰, 그리고 전화 도청과 목소리를 내는 사람들에 대한 단속이 나날이 더 심해지는 와중에 인도가 문학축제들의 꿈의 개최지가 되어가고 있으니 참 기묘한 일이다. 앞으로 몇 달간 잡힌 스케줄이 약 10건가량 된다. 일부는 경찰이 공포정치를 펼치게 만든 바로 그 기업들의 후원을 받고 있다. 스리나가르에서 열릴 하루드 문학축제(현재로서는 연기된)는 가장 새롭고 가장 짜릿한 행사가 될 것이다. "가을 나뭇잎이 색깔을 바꿀 때, 카슈미르의 계곡에는 시를 읊고 문학을 이야기하고 논쟁하고 토론하는 목소리들이 울려퍼질 것입니다……" 조직자들은 "정치와는 무관한" 행사라며 광고하지만 수만 명의 목숨을 앗아가고, 수천 명의 여성과 아이들을 유족으로 만들고, 고문실에서 수십만 명을 불구로 만든 야만적인 군사 점령지의 지배자들이나 피지배자들이 어떻게 "정치와 무관할" 수 있는지는 말하지 않았다. 나는 궁금하다. 문학축제에 방문하는 손님들은 관광비자로 올까? 스리나가르와 델리에서 별도 비자를 발급할까? 신원 확인이 필요할까? 축제에서 목소리를 내는 카슈미르 사람은 곧장 심문소로 끌려갈까? 아니면 집으로 가서 옷을 갈아입고 소지품을 챙길 시간 정도는 주려나? (그냥 대충 말해본 것이다. 당연히 그보다는 더 섬세한 절차겠지.)

이 거짓된 자유의 축제의 소음은 팔이 꺾인 채 출국 비행기로 연행되어 추방당한 이들이 공항 통로를 걸어가는 발소리와, 강인하고 따뜻한 손목에 수갑이 맞물리는 철컹 소리와, 감옥 문이 닫히는 차가운 쇳소리를 가리는 데 한몫 보탠다.

우리의 폐에서는 갈수록 산소가 빠져나가고 있다. 어쩌면 우리 몸에 아직 남은 숨을 몽땅 짜내어 이렇게 외쳐야 할 때인지도 모른다. 염병할 그 문 당장 열어!

# 2부

제4장

# 카슈미르에 열린 불화의 열매

2008년의 어느 날, 선출되기까지 일주일을 앞둔 오바마 대통령은 카슈미르의 자치권 투쟁을 둘러싼 논란(1947년 이래 인도와 파키스탄 사이의 3차에 걸친 전쟁으로 이어진)을 해결하는 것을 "핵심과제들"에 포함시키겠다고 말했다.[1] 하지만 인도에서 그의 발언에 유감을 표한 이후로 그는 카슈미르에 관해 거의 입도 뻥긋하지 않았다.

2010년 11월 8일 월요일에 인도를 찾은 오바마는 미국이 카슈미르에 개입하지 않을 것이며 인도의 유엔 안전보장이사회 가입을 지지하겠다는 발언으로 환대받는 손님이 되었다.[2] 그는 테러리즘의 위협에 관해 열변을 토하면서도 카슈미르의 인권 침해에 관해서는 입을 꾹 다물었다.

오바마가 카슈미르에 관한 입장을 다시 바꿀 마음을 먹을지 어떨지는 몇 가지 요인에 달려 있다. 아프가니스탄 전쟁이 어떻게 돌아가는가, 파키스탄의 조력이 미국에 얼마나 필요한가, 그리고 인도 정부가 이번 겨울에 항공기 쇼핑을 할 것인가 말 것인가. (한창 진행중인 별개의 거액사업 거래 중에도, 특히 58억 달러어치 보잉 C-17 글로브마스터 III 항공기 10대 구매는 대통령의 침묵을 보장해줄 것이다.) 그렇지만 오바마가 침묵하든 개입하든 카슈미르 사람들이 손에 든 돌을 내려놓을 일은 없을 듯하다.

열흘 전 카슈미르에 다녀왔다. 파키스탄 국경에 있는 그 아름다운 계곡, 이슬람교, 힌두교, 그리고 불교라는 세 위대한 문명의 고향에. 그곳은 신화와 역사의 계곡이다. 어떤 사람들은 예수가 그곳에서 세상을 떠났다고 믿고, 또 어떤 사람들은 모세가 그곳에 가서 잃어버린 부족을 찾았다고 믿는다. 1년에 단 며칠간만 전시되는 선지자 무함마드의 머리카락 한 올을 보고 경배드리려고 수백만 신도들이 모여드는 하즈라트발 사원이 있는 곳이기도 하다.

이제 파키스탄과 아프가니스탄의 호전적인 이슬람 영향력, 그 지역에 대한 미국의 이해관계, 그리고 (갈수록 공격적이고 "힌두주의적"이 되어가는) 인도 민족주의 사이에 낀 카슈미르는 핵 발화점으로 여겨진다. 50만 명 이상의 병사들이 순찰하는 그곳은 세계에서 가장 군사화된 지역이 되었다.

카슈미르의 수도인 스리나가르에서 남부의 작은 사과산지 쇼피안으로 이어지는 고속도로는 내내 긴장된 분위기였다. 고속도로에도, 과수원과 밭과 지붕에도, 그리고 작은 시장 광장들의 상점 앞에도 병사들은 무리지어 배치되어 있었다. 팔레스타인 인티파다에 영감을 받아 **아자디**(자유)를 외치는 "돌팔매꾼들"이 몇 달간의 통행금지령에도 아랑곳하지 않고 다시 밖으로 나온 것이다. 고속도로의 곳곳이 그렇게 던져진 돌들로 온통 뒤덮여 있어서, 그 위로 지나가려면 SUV차량이 필요했다.

다행히도 내 동행들은 뒷길과 마을길들에 훤했다. 그리고 이 "돌아가는 길" 덕분에 당시의 소요를 그들의 목소리로 직접 들을 시간이 넉넉했다. 아직 앳된 소년인 가장 어린 친구의 말에 따르면, 그의 친구 세 명이 돌을 던졌다가 경찰에 잡혀가 손톱을 잡아뽑히는 고문을 당했단다. 열 손가락의 손톱을 모두 말이다.

지금까지 3년째, 카슈미르 사람들은 난폭한 인도 점령군에 맞서 가두시위를 벌이고 있다. 그렇지만 파키스탄의 지원을 등에 업고 20년 전에 시작된 반인도 무장투쟁은 하락세다. 현재 인도 육군은 카슈미르 계곡에서 작전을 벌이고 있는 전투원들의 수를 500명 이하로 추산한다. 전쟁은 7만 명의 사망자와 고문으로 인한 불구자 수만 명을 남겼다. 많은 사람들이, 수천 명이 "실종되었다". 20만 명 이상의 카슈미르 힌두교인들이 그 계곡을 도망치듯 떠났다. 그러나 무장세력의 수가 줄어도 배치된 병력은 줄지 않았다.

그렇지만 인도의 군사점령이 곧 정치적 승리라고 착각해서는 금물이다. 평범한 사람들이 맨몸에 분노만으로 무장한 채 떨쳐 일어나 인도의 치안부대에 맞섰다. 다닥다닥

늘어선 검문소, 벙커, 군 진지, 그리고 심문소에 둘러싸여 성장하고 "잡는 족족 죽이는" 작전들을 목격하면서 아동기를 보낸 결과 머릿속이 온통 간첩, 끄나풀, "정체불명의 저격수들", 첩보작전, 그리고 부정선거로 들어찬 젊은 세대는 두려움만 잃은 것이 아니라 인내심도 잃었다. 카슈미르의 젊은이들은 무장한 병사들을 거의 광기에 가까운 용기로 제압하고 자신들의 거리를 되찾아왔다.

육군이 민간인 세 명을 살해하고는 그들을 "테러리스트"로 둔갑시킨 4월의 사건 이후로, 대부분 학생들로 이루어진 복면의 돌팔매꾼들은 카슈미르에서의 삶을 완전히 멈춰버렸다. 인도 정부는 총탄, 통행금지령, 그리고 검열로 보복했다. 요 몇 달 사이에도 111명의 사람들이 목숨을 잃었는데, 그 대부분은 10대였다. 3000명 이상이 상해를 입었고, 체포당한 사람들은 1000명에 이른다.

그러나 그들은 여전히 뛰쳐나온다. 청년들이 뛰쳐나와 돌을 던진다. 주동자가 있거나 정치적 당파에 속한 것 같지도 않다. 그들은 스스로를 대변한다. 그리고 세계에서 두번째로 거대한 육군은 갑자기 갈팡질팡하고 있다. 인도 정부는 누구와 협상해야 할지 알지 못한다. 그리고 수많은 인도인들이 자신들이 수십 년째 속아왔음을 서서히 깨달아가고 있다. 예전에는 확고했던 카슈미르에 대한 여론이 갑자기 미미하게나마 흔들리는 기미가 보인다.

쇼피안으로 차를 몰던 그날 아침에 실은 대수롭잖은 소동이 하나 있었다. 그 며칠 전, 나는 델리의 공개토론장에서 인도 정부의 주장에 맞서 카슈미르는 분쟁지역이므로 인도의 "떼어놓을 수 없는" 일부라고 해서는 안 된다고 말했다. 분개한 정치가들과 뉴스 앵커들은 나를 난동교사죄로 체포하라고 목청을 높였다. "물러" 보일까봐 겁이 난 정부는 위협적인 발언들을 내보냈고, 상황은 가열되었다. 날이면 날마다 주요 뉴스 시간대에서는 나를 배신자, 화이트칼라 테러리스트, 그리고 건방지게 대드는 여자들한테 으레 붙는 몇 가지 다양한 별명들로 부르며 욕하고 있었다. 하지만 쇼피안으로 가는 길에 그 차 안에 앉아서 친구들의 이야기에 귀를 기울이고 있으려니, 델리에서 했던 발언이 하나도 후회되지 않았다.

우리는 샤킬 아메드 아한가르라는 남자를 만나러 가는

길이었다. 그 전날 그는 내가 쇼피안에 꼭 와봐야 한다고 설득하기 위해 내가 머무르고 있던 스리나가르까지 먼 길을 찾아왔었다. 어찌나 다급해 보였던지 도저히 무시할 수가 없었다.

내가 샤킬은 처음 만났던 2009년 6월의 어느 날은, 고도경비구역(육군과 국가경찰 진지 사이의 탐조등이 비추는 구역)의 얕은 개울에서 그의 아내인 22세의 닐로파르와 누이인 17세의 아시냐가 약 900미터 간격으로 따로따로 떨어져 시신으로 누워 있는 모습이 발견된 지 몇 주가 지났을 무렵이었다. 최초 검시보고서는 강간과 살해를 확정했다. 하지만 그후 시스템이 개입했다. 새로운 부검보고서는 처음의 발견들을 뒤집었고, 시신을 무덤에서 도로 파내는 그 끔찍한 작업을 마친 후, 강간 가능성은 배제되었다. 두 시신 다 사인은 익사라고 발표되었다.[3] 이 사건에 대한 저항으로 쇼피안은 47일간 완전히 폐쇄되었고, 그 계곡은 몇 달간 분노로 전율했다. 결국은 인도 정부가 그 위기를 진정시킨 것처럼 보였다. 그렇지만 그 죽음들에 대한 분노는 올해 일어난 소요의 강도를 증폭시켰다.

샤킬이 우리가 쇼피안으로 자기를 만나러 와주기를 바란 이유는 그가 목소리를 냈다는 이유로 경찰의 위협을 받았기 때문이다. 우리의 방문을 통해 카슈미르 바깥의 사람들도 그를 지켜보고 있음을, 자신이 혼자가 아님을 보여주고 싶었던 것이다.

카슈미르의 사과 수확철이었기 때문에, 쇼피안에 거의 다다르자 기울어가는 오후 햇살 속에서 사과들을 바삐 나무궤짝에 담고 있는 가족들이 보였다. 사과와 꼭 닮은 붉은 뺨의 어린아이가 둘 있었는데, 혹시나 착오로 같이 궤짝에 담겨버리면 어쩌나 하는 쓸데없는 걱정이 잠깐 들었다. 우리의 방문소식이 우리를 앞질러 갔는지 사람들 몇 명이 무리를 지어 길가에 마중나와 있었다.

샤킬의 집은 그의 아내와 누이가 묻힌 무덤가 근방에 있었다. 우리가 도착했을 때는 이미 날이 저물었고 정전이 있었다. 우리는 랜턴을 방 한가운데 놓고 반원형으로 둘러앉아 그의 이야기에 귀를 기울였다. 실은 듣지 않아도 이미 너무 잘 아는 이야기였지만. 다른 사람들도 방안에 들어왔다. 모두 끔찍한 이야기들이 쏟아냈는데, 인권보고서에는 나오지 않는 이야기들, 민간인보다 군인이 더 많은 외딴 마을의 여자들이 어떤 일을 당하는지에 관한 이야기들이었다. 샤킬의 어린 아들은 어둠 속에서 어른들 무릎 위로 옮겨다녔다. "저 아이는 곧 제 엄마에게 무슨 일이 일어났는지 이해할 나이가 될 겁니다." 샤킬은 거듭 되뇌었다.

우리가 떠나려고 일어선 순간, 심부름꾼이 와서 샤킬의 장인어른(닐로파르의 아버지)이 자기 집에서 우리를 기다리고 있다고 전했다. 아쉽지만 거절해야 했다. 너무 늦었고 더 오래 머무른다면 돌아가는 길이 위험할지도 몰랐다.

작별인사를 나누고 비좁은 차에 한데 끼어앉은 지 몇 분 후, 한 친구의 전화벨이 울렸다. 언론인인 그의 동지가 내게 전하는 소식이 있었다. "경찰이 체포영장을 발부하고 있습니다. 그녀는 오늘밤 체포될 겁니다." 우리는 얼마간 침묵 속에서 차를 몰아 사과가 가득 실린 트럭들을 지나쳤다. "그럴 가능성은 별로 없어요." 친구가 마침내 입을 열었다. "그냥 심리전이에요."

그렇지만 그때, 우리가 고속도로에서 막 속력을 올렸을 때, 남자들을 가득 태운 차량 한 대가 우리를 따라잡았다.

그들은 손을 흔들어 세우라는 신호를 보냈다. 오토바이 운전자 두 명이 우리 운전사에게 차를 세우게 했다. 나는 앞으로 닥칠 일에 대비해 마음을 다잡았다. 한 남자가 창가에 나타났다. 옆으로 째진 녹색 눈동자에 소금과 후추를 뿌린 듯한 턱수염을 가슴의 중간까지 길게 기른 남자였다. 그는 자신이 살해당한 닐로파르의 아버지인 압둘 하이라고 말했다.

"사과도 안 챙겨드리고 그냥 가시게 할 수야 있나요." 그가 말했다. 오토바이 운전자들은 우리 차 뒤쪽에 사과 궤짝 두 개를 싣기 시작했다. 이윽고 압둘 하이는 낡은 갈색 망토 주머니에 손을 넣더니 달걀 하나를 꺼냈다. 내 손바닥에 올려놓고는 그 위로 내 손가락을 포갰다. 이어 다른 손에도 또하나를 놓았다. 달걀에는 아직 온기가 남아 있었다. "신의 축복과 가호를 빕니다." 그는 그렇게 말하고는 어둠 속으로 걸어갔다. 작가로서 더 어떤 보답을 바랄 수 있을까?

나는 그날 밤 체포되지 않았다. 그 대신, 공무원들은 요즘 흔히들 쓰이는 정치적 전략에 따라 반도들에 대한 불쾌감을 폭도들을 시켜 처리했다. 집에 돌아오고 며칠 후, 인도인민당• 의 부녀회가 내 집 앞에서 체포를 요구하는 시위를 벌인 것이다. 텔레비전 취재차량들이 그 사건을 생방송으로 중계하러 미리 와 있었다. 1000명도 넘는 사람들이 살해당한 2002년 구자라트 무슬림 학살의 선봉에 섰던, 피에 목마른 힌두주의 군사조직 바지랑달은 전국 곳곳의 법정에 범죄혐의로 나를 기소하는 것은 물론이고 할 수 있는 모든 수단을 동원해 "내게 교훈을 가르쳐"주겠다고 공언했다.[4]

인도 민족주의자들과 정부는 괴롭힘과 보잉 항공기의 조합으로 '되살아나는 인도'라는 생각을 강화할 수 있다고 믿는 듯하다. 그렇지만 그건 그들이 따뜻한 삶은 달걀의 전복적인 힘을 알지 못하기 때문이다.

• 힌두 민족주의를 내세우는 정당. 당시 야당이었으나 현재는 집권 여당이다.

제5장

# 민주주의하기 딱 좋은 날이네

그렇지 않았나? 어제 말이다.

봄이 델리를 찾아왔다. 눈부신 햇살 아래 법은 제 갈 길을 갔다. 미처 아침밥도 먹기 전에, 2001년 국회의사당 공격의 주요 피의자였던 아프잘 구루가 아무도 모르게 교수형을 당했고, 시신은 티하르 감옥에 매장되었다.[1] 그는 마크불 버트 옆에 묻혔을까? (마크불 버트는 1984년에 티하르 감옥에서 교수형을 당한 또다른 카슈미르 사람인데, 카슈미르 사람들은 내일 그의 추모식을 열 것이다.) 아프잘의 아내와 아들은 아무런 연락도 받지 못했다. "관계기관은 속달우편과 등기우편으로 가족에게 통지했습니다." 내무장관은 언론에 말했다. "잠무카슈미르 경찰정책관에게 가족의 수령 여부를 확인하도록 했습니다."[2] 아무러면 어떠랴. 카슈미르 테러리스트의 식구들 따위.

국회와 인도인민당과 인도공산당이 하나로 뭉쳐 법치의 승리를 축하한 것은 민족 대통합까지는 아니어도 최소한 주요 정당들의 대통합이라는, 보기 드문 순간이었다("연기"와 "타이밍"을 놓고 몇 차례 옥신각신한 사실은 모른 척해주자). 요즘 텔레비전 스튜디오에서 생방송으로 떠들어대는 국가적 양심(Conscience of the Nation)은 그들의 집단지성을 우리 머리 위로 들이부었다. 종교적 열정과 사실에 대한 섬세한 포착을 잘 섞은 그 흔한 칵테일 말이다. 그 남자는 이미 죽어 사라졌는데도, 그들은 떼로 몰려다니며 사냥하는 겁쟁이들처럼 용기를 잃지 않기 위해 서로가 필요한 것 같았다. 어쩌면 마음속 깊은 곳에서 자기들 모두가 뭔가 끔찍하게 그릇된 공모를 했음을 알고 있기 때문일까.

팩트는 과연 무엇인가?

2001년 12월 13일, 무장괴한 다섯 명이 사제폭탄을 실은 흰색 대사관 차량을 몰고 국회의사당 출입문으로 들이닥쳤다. 제지당한 괴한들은 차를 박차고 나와 총격을 가했다. 보안요원 여덟 명과 조경사 한 명이 살해당했다. 뒤이은 총격전에서 습격자 다섯 명 모두 목숨을 잃었다. 아프잘 구루가 경찰 구금중에 한 엇갈리는 자백들 중 한 가지에 따르면, 그 남자들은 무함마드, 라나, 라자, 함자, 그리고 하이더였다. 오늘날까지 우리가 그들에 관해 아는 것은 그게 전부다. 당시 내무장관이었던 L. K. 아드바니는 그들이 "파키스탄 사람처럼 생겼다"고 말했다(확실히 그는 파키스탄 사람들이 어떻게 생겼는지 잘 알 것이다. 자신이 신드족• 출신이니까.) **오로지** 아프잘의 자백(대법원이 그후 "과실"과 "절차요건 위배"를 거론하며 한쪽으로 밀쳐놓은)만을 토대로, 인도 정부는 파키스탄 주재 대사를 불러들이고 파키스탄 국경에 50만 병력을 배치했다. 핵전쟁 이야기가 오갔다. 해외 대사관들은 여행경보를 발령하고 직원들을 델리에서 대피시켰다. 교착상태는 몇 달간 지속되어 인도에 수백억 루

• 파키스탄의 네 주 중 한 곳인 신드의 원주민 종족.

피의 손실을 입혔다.

2001년 12월 14일, 델리 경찰특수부는 사건을 종결했다고 주장했다. 그리고 이튿날 델리에서는 "괴수" S. A. R. 길라니 교수가, 스리나가르의 한 청과시장에서는 샤우카트 구루와 아프잘 구루가 체포당했다.[3] 뒤이어 샤우카트의 아내인 아프샨 구루도 잡혀갔다. 언론은 특수부의 주장을 바지런히 물어다 날랐다. 기사 제목들은 다음과 같다. "테러계획의 수뇌는 델리 대학교 교수" "페다인•의 스승은 대학교수" "교수의 방과 후 테러교습". Zee TV는 이른바 "경찰 조서를 토대로 한 진실"을 재연한 "다큐드라마" 〈12월 13일〉을 방영했다. (경찰의 주장이 진실이라고 할 것이라면 법정은 도대체 뭐하러 있는가?) 그후 아탈 비하리 바지파이 수상과 인도인민당의 L. K. 아드바니는 그 영화를 공개적으로 칭찬했다. 대법원에서는 언론매체가 판사들에게 영향을 미치지 않는다며 방영 연기 신청을 거부했다. 그 영화가 방영되고 겨우 며칠 후, 신속처리법원에서 아프잘과 샤우카트와 길라니에게 사형을 언도했다. 그후 고등법원에서는 "괴

• 무슬림 자살특공대를 이르는 말.

수" 길라니와 아프산 구루를 무죄 판결했다. 그리고 대법원에서도 그 판결을 확정했다. 그렇지만 모하마드 아프잘은 2005년 8월 5일 판결에서 종신형 3건과 사형 2건을 선고받았다.

본분을 잊은 몇몇 중견 언론인들이 퍼뜨린 거짓말들과는 반대로 아프잘 구루는 "2001년 12월 13일 국회의사당을 습격한 테러범들" 중 하나가 아니었으며, (인도인민당 소속 상원의원인 찬단 미트라가 2006년 10월 7일 『파이오니어』에서 밝힌 바에 따르면) "경비대에게 총격을 가해 사상자 여섯 명 중 세 명을 살해한 것이 분명한" 범인들 중 하나도 아니었다. 심지어 경찰 조서의 기소내용에도 그렇게 적혀 있지 않다. 대법원 판결에 따르면 증거는 정황증거가 전부다. "대다수 음모들이 그렇듯 형법상 음모를 구성하는 직접 증거는 전혀 없으며, 있을 수도 없다." 그러나 판결의 다음 부분은 이렇게 이어진다. "심각한 인명 살상을 야기한 이번 사건은 국가 전체를 뒤흔들었으므로 사회의 집단적 양심을 위무하려면 범죄자에게 사형을 언도함이 불가피하다."[4]

국회의사당 습격사건에 대한 우리의 집단적 양심을 도

대체 누가 만들었나? 신문에서 우리에게 주입한 팩트들이? 아니면 텔레비전에서 우리에게 보여준 영화들이?

일각에서는 법원이 S. A. R. 길라니에게는 무죄를 선고하고 아프잘 구루에게만 유죄를 선고했다는 사실 자체가 그 재판이 자유롭고 공정했다는 뜻이라고 주장한다. 과연 그랬을까?

그 신속처리재판은 2002년 5월에 개시되었다. 세계는 여전히 9/11의 여파로 인한 광란상태였다. 미국 정부는 아프가니스탄에서 얻은 그 "승리"에 대해 너무 성급히 환호했다. 구자라트 집단학살이 계속되고 있었다. 그리고 국회의사당 습격사건에서, 법은 말 그대로 자신만의 길을 걸었다. 형사사건에서 가장 중요한 단계, 즉 증거를 제시하고 목격자들을 교차검증하고 논쟁의 토대를 확립해야 할 때에(고등법원과 대법원에서는 새로운 증거를 제시할 수 없고 오로지 법리만을 따져야 한다), 아프잘 구루는 변호사도 없이 경비가 삼엄한 독방에 갇혀 있었다. 법원에서 지정한 하급 변호사는 감옥에 있는 의뢰인을 단 한 번도 찾지 않았다. 뿐만 아니라 아프잘을 변호해줄 증인을 한 사람도 소환하지 않았고, 검찰 측 목격자들을 교차검증하지도 않았다. 판사도 자신이 그 상황에 손을 써볼 요량이 전혀 없음을 감추지 않았다.

그럼에도 그 사건은 처음부터 실패였다. 많은 예들 중 몇 가지만 들어보겠다.

경찰은 어떻게 아프잘을 체포했을까? S. A. R. 길라니를 통해 엮었다는 것이 경찰 측 주장이다. 하지만 법원기록을 통해 아프잘을 체포하라는 명령이 이미 그들이 길라니를 잡기도 전에 떨어졌음을 알 수 있다. 고등법원은 이것을 "물리적 모순"이라고 지적했지만 그것으로 끝이었다.

아프잘에 불리한 증거들 중 가장 확실한 두 가지는 체포 당시 압수된 휴대폰과 노트북이었다. 그 체포기록들은 델리에 사는 길라니의 동생 비스밀라가 서명한 것이었다. 압수기록에는 잠무카슈미르 지방경찰 소속의 두 남자가 서명했는데, 그중 하나는 이전에 "무장세력"이었다 투항한 아프잘을 고문한 장본인이었다. 증거인 컴퓨터와 휴대폰은 밀봉상태여야 했지만 그렇지 않았다. 체포 후 노트북 하드디스크에 누군가가 접속했음이 재판 도중 밝혀졌다. 디스크에는 "테러범들"이 국회의사당에 진입할 때 이용한 위조된 내무부 통행증과 신분증만 들어 있었다. 그리고 Zee TV에서 국회의사당의 풍경을 촬영한 영상도 있었다. 그러니 경찰에 따르면 아프잘은 모든 증거를 삭제하면서 가장 혐의가 짙은 증거들만 남겨두고, 그것을 조서에 작전 수괴로 기록된 가지 바바에게 넘겨주려고 도피중이었던 셈이다.

검사 측 증인으로 나선 카말 키쇼르는 법정에서 2001년 12월 4일에 그 사건의 모든 용의자들을 잇는 핵심고리인 유심카드를 사간 사람이 아프잘이라고 증언했다. 그렇지만 검사 측이 제시한 통화목록에 따르면 그 유심카드는 실제로 2001년 11월 6일부터 사용되었다.

거짓말과 날조된 증거더미들이 그런 식으로 계속 쌓여갔다. 법정은 그 점을 인지했지만 경찰을 가볍게 나무라는 데 그쳤다. 더는 아무것도 하지 않았다.

그 뒷이야기가 더 있다. 투항한 무장세력이 대개 그렇듯, 카슈미르 사람인 아프잘은 만만한 동네북이었다. 고문, 협박, 착취의 희생양이었다. 그리고 더 큰 그림으로 보자면 아예 아무것도 아닌 존재였다. 국회의사당 공격의 수수께끼를 푸는 데 진정 관심이 있는 사람이라면 제시된 증거의 미심쩍은 흔적들을 추적했을 것이다. 하지만 아무도 그러지 않았다. 그리하여 그 음모를 꾸민 장본인들은 발각되지 않았고 조사를 피할 수 있었다.

이제 아프잘 구루가 교수형을 당했으니, 우리의 집단적 양심이 위무되었으면 좋겠다. 아니면, 혹시 우리의 피의 잔은 아직 반이나 비어 있는 것일까?

제6장

# 아프잘 구루를 목매단 결과

2001년 국회의사당 공격의 주요 용의자인 무함마드 아프잘 구루의 교수형을 그처럼 아무도 모르게 서둘러 집행한 것은 어떤 정치적 결과를 낳았을까? 누구 아시는 분?

냉담한 관청용어로는 통지서라고 하는데, 발신인은 뉴델리 시 티하르 소재 제3중앙감옥의 감독관이고 수신인은 "아프잘 구루의 처 타바숨 부인"인, 모욕적이게도 모든 이름의 스펠링이 잘못 적힌 그 통지서의 내용은 다음과 같다.

하비빌라의 아들 무함마드 아프잘 구루의 사면청원이 인도 대통령 각하로부터 거부되었습니다. 따라서 하비빌라의 아들 무함마드 아프잘 구루의 형 집행 일시와 장소는 2013년 9월 2일 오전 8시 제3중앙감옥으로 확정되었습니다.

이에 차후 필요한 조치를 취하실 수 있도록 그 사실을 통지합니다.

그 통지서는 형이 집행된 후에야 배달되어 타바숨에게 마지막 남은 유일한 법적 기회, 사면청원 거부에 대해 이의를 제기할 권리를 빼앗았다.[1] 아프잘과 그의 가족은 각각 그 권리를 행사할 수 있었다. 하지만 양측 다 그러지 못했다. 타바숨이 받은 통지서에는 법적으로 대통령이 사면청원을 거부한 이유가 적혀 있어야 했지만 그런 것은 없었다. 아무런 이유도 대지 않으면 도대체 무엇을 근거로 청원을 하겠는가? 인도의 사형수 수감동에 있는 다른 죄수들은 모두 그 최후의 기회를 얻었는데 말이다.

타바숨은 남편이 처형을 당하기 전 마지막으로 만날 기

회를 빼앗겼고, 그녀의 아들은 아버지의 마지막 유언을 듣지 못했으며 유해를 돌려받지 못해 매장이 불가능하니 장례식도 치를 수 없다. 그렇다면 감옥 매뉴얼의 "차후 필요한 조치"란 무엇을 가리키는 것일까? 분노? 거칠고 엄청난 슬픔? 의문 없는 수용? 완전한 통합?

형이 집행된 후, 거리에서는 눈 뜨고는 못 볼 축제가 벌어졌다. 텔레비전은 그 공격으로 남편을 잃은 아내들을 전시했고, 전인도반테러전선의 회장인 M. S. 비타와 그의 사나운 콧수염은 그 안쓰러운 무리의 우두머리 노릇을 했다. 누가 좀 그 사람들한테 가서 당신 남편을 쏜 사람들은 그때 그 자리에서 이미 다 죽었다고 말해주면 안 될까? 그리고 그 공격의 배후들이 법의 심판을 받을 기회가 영영 사라졌다는 것도 함께 말해주면 더 좋겠다. 우리는 여태껏 그들이 누구인지조차 모르고 있기 때문이다.

한편 카슈미르에는 다시금 통행금지령이 내려졌다. 그곳 사람들은 다시금 가축처럼 우리 안에 갇힌 신세가 되었다. 그들은 다시금 통행금지령에 저항했다. 불과 사흘 만에 세 명이 살해당했고, 15명이 중상을 입었다.[2] 신문들은 폐간

되었지만 인터넷을 검색해본다면 누구나 카슈미르 젊은이들의 분노에서 2008년, 2009년, 2010년 여름의 대규모 소요 때 보이던 대담함과 생기가 사라졌음을 알아챌 수 있으리라. 180명이나 되는 사람들이 목숨을 잃었는데도 말이다. 이 분노는 차갑고 원한이 서려 있다. 용서는 없다. 왜 아니겠는가?

카슈미르 사람들은 20년이 넘는 세월 동안 군사치하에 있었다. 수만 명이 감옥에서, 고문실에서, 그리고 "교전"에서 삶을 빼앗기고 살해당했다. 그걸 교전이라고 부를 수 있을지는 모르겠지만 말이다. 아프잘 구루의 처형이 이전과 다른 점은, 민주주의의 경험을 직접 누려보지 못한 젊은이들이 관객석 앞자리에서 그 위용 넘치는 인도 민주주의의 작동방식을 관람할 기회였다는 것이다. 그들은 바퀴들이 굴러가는 것을 지켜보았고, 그 모든 낡은 제도들, 정부, 경찰, 법원, 정당들, 그리고 맞다, 언론이 공모해 한 남자, 카슈미르 사람 하나를 목매다는 것을 목격했다. 그들은 그 남자가 공정한 재판을 받았다고 믿지 않았고, 합리적으로 의심을 품지 않을 도리가 없는 그의 유죄 판결을 보았다. (재판의 가장 중요한 절차인 하급심에서 그는 실제로 변호를 받지 못했다. 국선 변호사는 수감된 의뢰인을 단 한 번도 찾아가지 않은 것은 물론이고 실제로 의뢰인에게 불리한 범죄의 증거를 인정하기까지 했다. 대법원은 그 문제를 숙의했지만 묵과하기로 결정을 내렸다.[3] 아직 차례가 한참 남은 그를 정부가 서둘러 사형수 대기줄에서 끌어내어 처형하는 것을 그들은 보았다. 그들의 새롭고 차갑고 한 맺힌 분노는 어떤 방향을, 어떤 형태를 취할까? 그들을 그토록 염원했고 한 세대 전체를 희생해 갈구했던 신성한 해방으로 이끌까, 아니면 또다른 격렬한 폭력의 순환으로 이끌까? 결국 패배당해 병사들의 군홧발에 짓밟힌 "정상상태"에 놓이게 될까?

인도에 사는 우리 모두는 2014년이 분수령이 될 것임을 알고 있다. 파키스탄에서, 인도에서, 그리고 잠무와 카슈미르 주에서 선거가 있을 예정이기 때문이다. 미국이 아프가니스탄에서 군대를 철수하면 이미 심각한 상태에 이른 파키스탄의 불안과 혼란이 카슈미르로 넘쳐흐를 것을 우리는 이미 이전의 경험을 통해 알고 있다. 인도 정부가 아프잘 구루를 그런 방식으로 처형한 것은 그 불안을 부채질하겠다는, 실제로 그 불안을 자초하겠다는 결정을 내린 것이나 다름없었다. (이전 1987년 카슈미르 선거 조작사건 때처럼.) 장장 3년에 걸친 그 계곡의 대대적 저항이 2010년에 막을 내린 후, 정부는 자기들이 원하는 "정상상태"(행복한 관광객들, 투표하는 카슈미르 사람들)를 복구하기 위해 엄청난 투자를 했었다. 왜 정부가 스스로 그 모든 노력을 허사로 돌리려 했는지 궁금하다. 그 과정에서의 합법성, 도덕성, 그리고 부패 같은 문제들은 별도로 치고 그냥 정치적으로, 전략적으로만 보아도 아프잘 구루를 그런 방식으로 처형한 것은 위험하고 무책임한 짓이었다. 그럼에도 정부는 그렇게 했다. 명확히, 그리고 고의로. **도대체 무엇 때문에?**

**무책임**이라는 말은 그냥 쓴 것이 아니다. 최근에 어떤 일이 있었는지 살펴보자.

2001년에, 국회의사당 공격으로부터 일주일도 안 되었을 즈음(그리고 아프잘 구루가 체포된 지 며칠 후에), 정부는 파키스탄에 파견했던 대사들을 불러들이고 국경에 50만 병력을 주둔시켰다. 그 조치의 근거는 무엇이었는가? 우리가 들은 바로는 오로지 아프잘 구루가 델리 경찰 특수부 구치소에서 파키스탄 테러단체인 자이시 에 무함마드(JeM)의 대원이라고 자백했다는 것뿐이다. 구금중에 나온 그 "자백"은 대법원에서 법적으로 채택 불가한 증거로 배제되었다.[4] 법정에서 채택 불가한 증거가 전쟁을 선포할 때는 채택 가능한가?

그 사건의 최종심에서 대법원이 비록 직접증거는 전무해도 "집단적 양심을 위무하기 위해" 운운한 것은 이미 다들 알고 있겠지만, 판결문에는 "무함마드 아프잘이 그 어떤 테러단체나 조직 소속이라는 증거는 전혀 없었다"라는 내용도 있었다.[5] 그렇다면 그 군사적 위협, 병사들의 인명 손실, 공공자금의 막대한 출혈, 그리고 핵전쟁이라는 무시무시한 위험을 도대체 무엇으로 합리화할 수 있는가? (해외 대사관들이 여행경보를 발령하고 직원들을 대피시킨 것을 기억하는가?) 혹시 국회의사당 공격과 아프잘 구루의 체포에 앞서 어떤 첩보가 있었는데 우리만 모르고 있었던 것인가? 그게 사실이라면 왜 그 공격을 미리 막지 못했는가? 그리고 그 첩보가 그런 위험한 군사적 배치를 정당화할 만큼 충분히 정확했다면 인도와 파키스탄과 카슈미르의 사람들은 그게 무엇이었는지 알 권리가 있지 않은가? 아프잘 구루의 유죄를 확정해줄 그 증거는 왜 법정에 제시되지 않았는가?

국회의사당 공격을 둘러싼 끝없는 논쟁들에서 이 부분, 아마도 가장 핵심적인 문제에 대해서는 진영을 막론하고 모두 꿀 먹은 벙어리 흉내를 내고 있다. 좌파도 우파도, 힌두트바•주의자들도 세속주의자들도, 민족주의자들도 난동 교사범들도, 냉소자들도 비평가들도. 도대체 왜?

어쩌면 자이시 에 무함마드가 정말 그 습격을 계획했는지도 모른다. 인도 언론에 등장하는 "테러리즘" 전문가들 중 아마도 가장 유명인사로서 인도 경찰과 정보부에 엄청난 인맥을 두고 있는 듯한 프라빈 스와미는 최근 3군통합정보부••의 자베드 아슈라프 카지 중장의 2003년 증언과, 국회의사당 공격의 배후가 자이시 에 무함마드라는 주장이 담긴 파키스탄 학자 무함마드 아미르 라나의 2004년 저서를

• 힌두 민족주의 이념.
•• 파키스탄의 정보부.

언급했다.[6] (인도의 불안 책동을 목적으로 하는 조직 수뇌의 증언을 그렇게나 믿어주다니 참으로 감동적이다.) 그렇다 해도 여전히 군대 동원이 일어난 2001년에 무슨 증거가 있었는지는 해명되지 않는다.

논지 전개를 위해 일단 자이시 에 무함마드가 그 공격을 자행했다고 치자. 어쩌면 3군통합정보부도 개입했을지 모른다. 파키스탄 정부가 카슈미르에서 은밀한 활동을 수행한다는 사실을 모르는 척하는 건 눈가리고 아웅하는 것 아닌가. (인도 정부가 발루치스탄과 파키스탄의 일부 지역에서 그러듯이 말이다. 인도 육군이 1970년대에 동파키스탄에서 무크티 바히니•를 훈련시켰음을 떠올려보자. 1980년대에는 타밀일람해방호랑이를 비롯해 스리랑카의 타밀족 군사집단 여섯 곳이 훈련을 받았다.)

어느 모로 보나 지저분한 시나리오다.

당시 파키스탄과의 전쟁은 어떤 성과를 낳았으며, 지금은 어떤 성과를 낳고 있을까? (막대한 인명 손실, 그리고 일부 무기거래상들의 은행계좌를 부풀리는 것을 제외하면

• 벵골 해방을 위한 군사단체.

말이다.) 인도의 매파는 "문제를 뿌리뽑는" 유일한 방법은 "긴급월경추적권"이고, 파키스탄의 "테러진영들"을 "제거하는" 것뿐이라고 고집한다. 정말 그럴까? 텔레비전 화면에 등장하는 그 강경한 전략전문가들과 방위분석가들 중 방위산업과 무기산업에 이권을 가지고 있는 사람이 몇 명이나 되는지 조사해보면 참 흥미로울 것이다. 심지어 전쟁까지도 필요 없다. 그저 군비 지출이 상향곡선을 그리는 호전적인 분위기만으로도 충분하다. 이 긴급월경추적권이라는 개념은 듣기보다도 더욱 아둔하고 더욱 딱하다. 도대체 누구를 폭격할 셈인가? 몇몇 개인들? 그들의 병영과 식량공급책들? 아니면 그들의 이데올로기? 미국 정부의 "긴급월경추적권"이 아프가니스탄에서 어떤 꼴이었는지 보라. 그리고 50만 병사들의 "촘촘한 치안망"으로도 카슈미르의 비무장 민간인들을 진압하지 못했음을 보라. 인도는 이제 급격히 혼란의 소용돌이로 빠져들고 있는 타국을 (핵무기로) 폭격하기 위해 국경을 넘어갈 셈인가? 인도의 직업 전쟁광들은 파키스탄이 이제 끝장났다며 신바람이 나서 조롱한다. 역사와 지리에 대해 조금이라도 지식이 있다면, 파키스탄의 (종교적 광신도들이 날뛰는 허무주의적 암흑세계로의) 붕괴가 그 누구에게도 전혀 즐거워할 거리가 못 된다는 사실을 알고도 남을 텐데 말이다.

아프가니스탄과 이라크에서의 미군 주둔, 그리고 파키스탄이 테러와의 전쟁에서 미국의 공식 머슴 역할을 맡아온 덕분에 그 지역은 언론에 단골로 등장해왔다. 나머지 세계는 그곳에서 펼쳐지는 위험들을 적어도 인지는 하고 있다. 하지만 그리 알려지지 않은, 그리고 더 읽어내기 어려운 것은 세계의 총애를 받는 신흥 초강대국에서 점점 거세게 불고 있는 아주 위험한 바람이다. 인도 경제는 상당한 위기에 처해 있다. 경제 개방이 새로 형성된 중산층에게서 불러일으킨 그 공격적이고 탐욕스러운 야심은 그에 못지않게 공격적인 좌절로 급속히 변질되고 있다. 그들이 탑승해 있는 그 항공기는 이륙하자마자 멈춰버렸다. 흥분은 공황으로 바뀌고 있다.

총선은 2014년에 예정되어 있다. 그 결과를 점치는 데는 굳이 출구조사까지도 필요 없다. 맨눈으로 보면 분명해 보이지 않을지 몰라도, 인도국민회의-인도인민당 연합이 다시금 득세할 것이다. (두 당 모두 각자 소수민족 일원 수천 명을 집단학살한 경력을 자랑한다.) 인도마오주의공산당(CPI-M)은 요청한 적도 없는 지원을 외부에서 보내줄 것이다. 아, 그리고 그건 강한 국가가 될 것이다. (교수형으로 인해 갈등은 이미 예정되었다. 이제 다음 번 순서는 펀자브 주총리인 베안트 싱의 암살혐의로 사형수 감옥에 있는 발완트 싱 라조아나일까? 그의 처형은 펀자브의 칼리스탄 독립 정서를 되살리고 아칼리 달•과 인도인민당에게 비난의 화살이 쏠리게 만들 것이다. 아주 완벽한 구식 국회정치학이다.[7])

그렇지만 그 구식 정치학은 다소 난관에 봉착해 있다. 뜨겁게 달아올랐던 지난 몇 달간, 주요 정당들의 이미지뿐만 아니라 정치학 그 자체, 우리가 아는 정치학이라는 개념도 타격을 입었다. 부패에 관한 것이든, 물가인상이나 강간이나 여성혐오나 폭력의 심화에 관한 것이든 새로이 부상하는 중산층은 몇 번이고 거리에 나섰다. 그들은 물대포를 맞거나 곤봉에 얻어맞을 수는 있지만, 빈민들처럼 수천 명

• 인도의 상위층에 속하는 시크교도들의 이익을 대변하는 정당.

이 단체로 총격당하거나 감옥에 갇히는 일은 없다. 달리트, 아디바시, 무슬림, 카슈미르 사람들, 나가족, 그리고 마니푸르 사람들은 그런 일을 당할 수 있고 당해왔지만 말이다. 그 낡은 정당들은 모든 걸 완전히 무너뜨릴 게 아니라면 이 공격성을 다른 곳으로 향하게 해야 한다는 것을, 방향을 틀어야 한다는 것을 안다. 정치학을 **예전처럼** 돌려놓기 위해 손을 잡아야 한다는 것을 안다. 공동의 대화재(communal conflagration)보다 더 나은 방법이 있을까? (이런 때 아니면 속세주의자들과 종교주의자들이 또 언제 제 역할을 하면서 재미를 보겠는가?)

우리가 각각 다시 매파와 비둘기파 놀이를 할 수 있으려면, 아주 작은 전쟁이라도 필요할 것이다.

이미 효과가 검증된 그 식상한 정치적 축구로 돌아가 공을 한번 뻥 차주는 것보다 더 나은 해결책이 있을까? 카슈미르 얘기다. 아프잘 구루의 교수형은, 그 뻔뻔함과 타이밍은 의도된 것이다.[8] 그것은 정치학과 분노를 카슈미르의 길거리에 다시금 돌려놓았다.

인도 정부는 평소처럼 야만적인 무력과, 사람들을 서로

둥지게 할 목적으로 설계된 그 독사 같은 마키아벨리적 술수의 조합으로 모든 상황을 통제할 수 있기를 바란다. 카슈미르에서의 전쟁은 세계의 눈에는 포용적인 세속적 민주주의와 급진적인 이슬람주의자들 사이의 전투로 보인다. 그게 정말이라면 소위 카슈미르의 그랜드 무프티•(그런데 이건 유령직함이다)인 바시루딘이 실제로 정부에서 기름부음을 받은 성직자라는 사실을 어떻게 이해해야 할까? 그는 혐오스럽기 짝이 없는 증오발언들을 남발해왔고, 카슈미르를 사악하고 획일적인 와하브파•• 사회로 보이게 만들 의도를 담은 파트와•••를 잇따라 발표한 인물이다. 체포당하는 것은 페이스북의 아이들뿐이고, 그는 절대로 체포당하지 않는다.[9] 사우디아라비아(미국의 가장 꾸준한 협력자)에서 흘러나오는 돈이 카슈미르의 마드라사••••들로 쏟아지는데, 인도 정부가 딴청만 부리고 있다는 사실을 우리는 어떻게 받아들여야 할까? 그 옛날 미국 중앙정보부가 아프가

• 이슬람 율법해석의 최고 권위자.
•• 아랍인들이 쿠란의 가르침대로 살아야 한다고 주장하는 운동.
••• 이슬람의 권위 있는 율법학자들이 어떤 사안에 관해 내놓는 법률적 판단.
•••• 이슬람 사원에 속한 고등교육시설.

니스탄에서 한 짓과 지금 이 상황이 다를 게 있을까? 그 유감스러운 사업 전부는 오사마 빈라덴, 알카에다, 그리고 탈레반을 낳았다. 그 결과는 아프가니스탄과 파키스탄의 막대한 인명피해로 나타났다. 이번 것은 어떤 유의 악령을 풀어놓을까?

식상한 정치적 축구게임을 통제하기란 그리 만만하지 않다. 게다가 그것은 방사능으로 얼룩져 있다. 며칠 전 파키스탄은 "진화하는 시나리오들"의 위협에 맞서 국방력을 강화하기 위해 단거리 전투용 핵미사일 실험을 실시했다. 두 주 전에 카슈미르 경찰은 핵전쟁을 위한 "생존요령들"을 발표했다. 온 가족이 보름간 족히 버틸 만큼 넓고 화장실도 갖춘 지하 방공호를 지으라는 권고와 더불어 다음과 같은 문장도 있었다. "핵 폭발시 운전자들은 자동차에서 내린 뒤 곧 뒤집힐 차에 깔리지 않도록 폭발이 일어난 방향을 향해 몸을 던져야 한다." 이어서 "폭발파는 눈에 띄는 친숙한 지형지물들 다수를 무너뜨리고 이동시킬 것이므로 초기에 어느 정도 방향감각을 잃을 것을 예상하라"고 모든 사람들에게 경고했다.[10]

어쩌면 눈에 띄는 친숙한 지형지물들은 이미 다 무너진 게 아닐까.

어쩌면 곧 뒤집힐 이 차에서 우리 모두 뛰쳐나와야 하는 게 아닐까.

마치며

# 피플스유니버시티 강연

경찰이 어제 아침 주코티 공원 모임을 해산시켰지만, 사람들은 오늘 다시 돌아왔습니다. 경찰은 이 저항이 단순히 영역싸움이 아님을 알아야 합니다. 우리는 기껏 이 공원이나 저 공원을 점유할 권리를 손에 넣자고 싸우고 있는 것이 아닙니다. 우리는 정의를 위해 싸우고 있습니다. 비단 미국인들만의 정의가 아닌, 온 인류의 정의를 위해서요. 미국에서 '월가를 점거하라' 시위가 시작된 9월 17일 이후로 여러분이 이룩해낸

성과 덕분에 제국의 심장부에는 새로운 상상력이, 새로운 정치적 언어가 자리잡았습니다. 모든 사람을 생각 없는 소비주의를 행복과 자아실현으로 착각하는 최면 걸린 좀비로 만들려 하는 체제에 꿈을 불어넣을 권리가 다시 자리잡았습니다. 작가로서 여러분께 말씀드리고 싶습니다. 이는 실로 어마어마한 업적이라고요. 아무리 감사해도 성에 차지 않네요.

우리는 정의를 이야기하고 있었습니다. 오늘, 우리가 이렇게 이야기하고 있는 지금도 미군은 이라크와 아프가니스탄에서 점령전을 벌이고 있습니다. 미국의 드론들이 파키스탄과 그 너머의 민간인들을 살상하고 있습니다. 수만 명의 미군과 암살부대들이 아프리카로 진군하고 있습니다. 여러분의 세금 수조 달러를 이라크와 아프가니스탄의 작전들에 쏟아붓고서도 아직 모자라나봅니다. 이제는 이란과의 전쟁 이야기까지 나옵니다. 대공황 이후로 무기 제조와 전쟁 수출은 미국 경제에 중요한 강장제 노릇을 했으니까요. 최근만 살펴보더라도, 오바마 대통령 치하에서 미국은 사우디아라비아와 600억 달러의 무기 거래 계약을 맺었습니다.[1] 미국은 아랍에미리트에 벙커버스터• 수천 대를 판매하고 싶어합니다. 아프리카에 있는 가난한 나라들의 인구를 모두 합친 것보다 더 많은 빈민이 있는 내 조국 인도에는 이미 50억 달러어치의 군사항공기를 판매했지요.[2] 히로시마와 나가사키 폭격에서부터 베트남, 한국, 그리고 라틴아메리카에 이르기까지, 이 모든 전쟁은 수백만 명의 목숨을 앗아갔습니다. 그 모두는 "미국적 삶의 방식"을 관철하기 위한 싸움이었지요.

오늘날 우리는 나머지 세계가 그토록 염원하는 모델인 "미국적 삶의 방식" 덕분에 단 400명의 사람들이 미국 인구의 절반이 가진 것과 맞먹는 부를 소유하게 되었음을 알고 있습니다. 이는 미국 정부가 은행과 기업들을 구제하는 동안(미국 인터내셔널 그룹 AIG 한 곳만 따져봐도 1820억 달러를 지원했지요) 수천 명의 사람들이 집과 일자리를 잃고 길거리에 나앉았다는 뜻이기도 합니다.

인도 정부는 미국의 경제정책을 숭배합니다. 20년간 자유시장경제를 영위한 결과로, 오늘날 인도에서는 가장 부

• 지하구조물을 파괴하기 위한 병기들.

유한 100명의 사람들이 국내총생산의 4분의 1에 맞먹는 자산을 소유한 반면 80퍼센트 이상의 사람들은 하루에 50센트도 채 안 되는 푼돈으로 근근이 살고 있습니다.[3] 25만 명의 농민이 죽음의 악순환에 끌려들어가 스스로 목숨을 끊었습니다.[4] 우리는 이것을 발전이라고 부르며, 이제 세계 초강대국이라고 자처합니다. 하긴 인도는 여러분에 못지않은 모든 자격을 갖췄지요. 핵폭탄도 있고, 터무니없는 불평등도 있으니까요.

좋은 소식은 사람들이 당할 만큼 당했고 이제 더는 참을 생각이 없다는 것입니다. '월가를 점거하라' 운동은 가장 가난한 사람들이 일어서서 가장 부유한 기업들의 앞길을 막아서는, 전 세계 수많은 저항운동의 대열에 합류했습니다. 미국인인 여러분이 제국의 심장부에서 그런 일을 하리라고는, 우리 편에 서리라고는 다들 꿈도 꾸지 못했습니다. 저는 여기에 담긴 그 어마어마한 의미를 도무지 어떻게 형언해야 할지 모르겠습니다.

저들, 1퍼센트는 우리의 요구에 실체가 없다고 말합니다…… 아마 우리의 분노만으로도 그들을 능히 무너뜨릴 수 있음을 모르나봅니다. 그렇지만 우리가 다같이 한번 생각해봤으면 싶은 것들이 있습니다. "혁명을 앞두고" 제가 가진 생각들 몇 가지를 말씀드릴까 합니다.

우리는 불평등을 제조하는 이 체제에 그만 뚜껑을 덮고 싶습니다.

우리는 기업은 물론이고 개인들의 고삐 풀린 부와 재산 축적에 마개를 꽂아넣고 싶습니다.

마개주의자들과 뚜껑주의자들로서, 우리의 요구사항은 다음과 같습니다.

첫째, 기업 교차소유를 금지해야 합니다. 예를 들어 무기 제조사들이 텔레비전 방송국을 소유해서는 안 되고, 채굴 기업들이 신문사를 운영해서는 안 됩니다. 기업들이 대학에 기금을 대서도 안 되고, 제약회사들이 공공보건기금을 멋대로 주물럭거려서도 안 됩니다.

둘째, 천연자원과 물, 전력, 건강, 그리고 교육 같은 필수적 사회기반시설은 민영화될 수 없습니다.

셋째, 모든 사람이 주거, 교육, 그리고 보건의 권리를 누려야 합니다.

넷째, 부자의 자녀들이 부모의 부를 물려받아서는 안 됩니다.

이 투쟁은 우리의 상상력을 다시금 흔들어 깨웠습니다. 자본주의는 어느새 정의라는 개념을 그저 '인권'이라는 뜻으로 주저앉혔고, 평등을 꿈꾸는 것을 불경한 행위로 만들었습니다. 우리 싸움의 목적은 체제를 수선해보겠다고 찔끔찔끔 건드리는 것이 아니라 아예 갈아엎는 것입니다.

마개주의자이자 뚜껑주의자로서, 저는 여러분의 투쟁에 경의를 표합니다.

살람, 그리고 진다바드!•

• 안녕히, 그리고 만세!

## 옮긴이의 말

아룬다티 로이가 뉴욕 소재 뉴스쿨 대학교에서 열린 출간 기념 강연회에서 직접 밝힌 바에 따르면, 이 책의 주제는 현대 자본주의의 작동방식이다. 작가는 자본주의의 영향력이 일반적인 생각과는 달리 단순히 한 국가, 또는 여러 국가의 기업화와 민영화에 그치지 않고, 우리의 상상력을 식민지로 삼고 우리를 길들여, 스스로도 알지 못하는 누군가로 바꾸어놓는다고 말한다.

이 서늘한 이야기는 빈민들의 강제 대규모 이주와, 그와

날카롭게 대비되는 인도의 위풍당당한 군사력 전시를 묘사하는 머리말로 시작된다. 그리고 "보이는 곳에도 보이지 않는 곳에도" "땅 위에도 땅 밑에도 뻗어" 있으며 잠시도 쉴 줄 모르는 국제적 기업들의 무자비한 발길에 치여 오랜 고향에서 쫓겨나는 토착민들의 고난, 종교적 · 민족적 갈등을 토양 삼아 정치적 이득이라는 열매를 얻기 위해 자행되는 무시무시한 학살, 자본주의가 기업 자선사업이라는 신묘한 기예를 통해 적들을 포섭해나가는 과정, 그리고 마침내 핵전쟁의 위험마저도 불사하는 사법살인의 목적과 배후로 거침없이 나아간다. 주제는 일관적이지만 책은 놀랍도록 넓은 범위에 걸쳐진 사건들을 다룬다. 그러면서도 치밀하고 깊이 들여다보는 통찰력 또한 잃지 않는다.

"전쟁의 전선으로부터 곧장 가져온 르포르타주 같다"는 평이 있을 정도로, 아름답지만 통렬한 산문으로 아룬다티가 들춰내는 문제들은 대부분 전 세계에 걸쳐 공통적으로 (선진국에서는 좀더 은밀하게, 그렇지 않은 국가들에서는 좀더 노골적으로) 일어나고 있는 일들이다. 그러나 아무래도 인도라는 특정 국가에서 일어난 구체적 사건들을 주로 다루고 외국어로 된 수많은 고유명사들이 등장하다 보니 일부 독자들의 독서에 어려움이 있지 않을까 하는 우려가 있었다. 그리하여 빼고 더할 것 없는 본문에 괜한 군더더기를 보탤 위험을 무릅쓰고, 그 어려움의 해소에 도움이 될 만한 배경 설명을 간략하게 다루어보기로 했다. 부족함이 있더라도 모쪼록 양해를 부탁드린다.

"세계 최대의 민주주의 국가"로 불리는 인도에서 일어나고 있는 일들을 두루뭉술하게나마 이해해보고자 할 때 가장 중요한 열쇠는 종교다. 정치적으로 세속주의 국가를 표방하는 인도에는 전 세계 힌두교 인구의 90퍼센트가 살고 있으며, 전체 인구 중 힌두교인이 약 80퍼센트, 이슬람교인이 약 13퍼센트를 차지하고 그 나머지는 시크교, 기독교, 불교, 자이나교 등을 믿고 있다. 앞서 말했듯 인도의 군사적 위용을 전시하는 공화국의 날 행사를 묘사한 머리말에서는 다양한 힌두교 신들의 이름이 붙은 병기들이 등장한다. 인도의 군사력은 세계 8위로 꼽히며 총 병력은 130만여 명인데, 이는 세계 3위에 해당하는 숫자다. 이처럼 강력한 군사력을 자랑하는 나라에서 어마어마한 국방예산을 잡아먹는 첨단 병기들의 이름이 유독 한 종교의 경전들에 나오는 신들의 이름을 가지고 있다는 것은 아룬다티 로이의 반어법이 시사하듯 아마 우연은 아닐 테고, 눈치 빠른 독자들은 이미 거기서 갈등의 기미를 진즉 알아보았을 것이다.

역사상 한 지배적인 종교가 순수하게 영적 영역에만 머무른 적이 있었던가. 책에서 몇 차례 언급된 구자라트 학살 사건은 종교가 지배권력에 의해 이용된 좋은 (또는 나쁜) 예다. 아룬다티 로이가 이전에 펴낸 책들에서 상세히 다룬 바 있는 이 사건은 힌두교인들에 의한 무슬림의 끔찍한 집단학살 사건이다. 2002년 무슬림이 주로 거주하는 구자라트의 한 역에 정차된 열차에서 화재가 발생해 성지순례를 마치고 돌아오던 수십 명의 힌두교인들이 목숨을 잃은 것이 그 발단이었다. 화재의 원인은 밝혀지지 않았지만 평소 사회의 주류인 힌두교인들에게 불만을 가지고 있던 무슬림들이 당시 열차에 돌을 던졌던 사실이 확인되어 곧 의도적 방화라는 소문이 퍼져나갔는데, 주총리를 비롯한 주 당국의 관계자들은 물론이고 언론조차 그 소문을 가라앉히려 노력하기는커녕 오히려 부추겼다. 그 결과 복수심에 불탄 힌두교인들의 손에 1000여 명의 무슬림이 목숨을 잃었으며 2500여 명이 실종되었다.

어쩌면 그보다도 더욱 사람들을 아연케 하는 것은 학살 이후의 전개였으니, 당시 구자라트의 주총리로 집단학살의 배후라는 의혹을 받은 인도인민당 소속 나렌드라 모디가 실각하기는커녕 오히려 자신이 부추긴 무슬림에 대한 공포와 혐오를 등에 업고 선거에서 연전연승하여 2014년 총선에서 연방 총리의 자리에까지 오른 것이다. 다양하고 이질적인 종교와 민족이 한데 어우러져 살면서 서로 갈등관계에 있었다 해도, 현대 민주주의 국가라는 곳에서 어떻게 이런 야만적인 일이 벌어질 수 있었을까? 그 원인을 찾으려면 그리 멀리까지 가지 않아도 된다. 사회주의 국가였던 인도가 1991년 기존 경제정책을 포기하고 신산업정책을 내세우면서 그간 경쟁이 없는 체제에 익숙했던 국민들은 엄청난 혼란과 위기에 빠져들었다. 불안과 혼돈 속에서는 으레 익숙한 것, 복고주의와 근본주의가 힘을 얻게 마련이다. 인도인민당의 부상은 그 덕분이었다.

인도 독립의 중심에 서 있었으며 네루의 후손들이 4대

째 지도부를 차지하고 있어 '네루-간디당'이라고 불리기도 하는 국민회의당에 밀려 항상 약세이던 인도인민당은 사회적, 경제적, 문화적 혼란 속에서 뭔가 해결책을, 문제의 원인을 찾고 싶어하던 이들에게 무슬림이라는, 제압이 가능하면서도 위협적으로 보이기에 충분한 적을 보여주었다. 물론 이는 어떻게 보아도 해법은커녕 오히려 기존 문제에서 시선을 돌리기 위해 새로운 문젯거리를 만들어낸 셈이었으니, 2008년 무슬림 극단주의자들에 의해 저질러진 아마다바드 폭탄테러 사건과 뭄바이 폭탄테러사건이 이를 증명한다. 정당이 종교 공동체 사이의 갈등을 부추기고, 그것이 낳은 테러행위가 다시 그 갈등에 명분을 주는 이 끔찍한 악순환에서 죽어나가는 것은 물론 가진 것 없는 사람들이다. 그리고 우리는 인도를 이야기하고 있으니, 이 복잡한 상황에 카스트제도라는 한 가지 요인을 더 더해야 한다. 인도 고유의 엄격한 신분제도인 카스트는 1947년에 법적으로 금지되었지만 아직까지도 중장년과 노년층, 그리고 특히 시골지역에서 강력한 영향력을 미치고 있다. 위로부터 크게는 성직자, 학자, 승려 등의 브라만, 무사, 군인, 경찰

등의 크샤트리아, 상인, 수공업자, 연예인 등의 바이샤, 농민 노동자 등의 수드라까지 네 계급으로 나뉘고, 여기서 다시 3000개의 카스트와 2만 5000개의 서브카스트로 자잘하게 나뉜다. 그 밑에는 흔히 불가촉천민이라고 하는 달리트 계층이 있다. 사회의 밑바닥 계층이라고는 하나 전체 인구의 75퍼센트를 차지하는 이 달리트 계층에게, 인도의 민주화는 곧 정치세력화의 기회였다. 오랜 역사 동안 불합리한 억압을 받아온 계층으로서 집단의식을 가졌지만 제대로 된 교육의 기회를 얻지 못한 이들의 행보는 맹목적인 몰표로 나타났고, 당선에만 급급한 정치인들은 그들의 표를 얻을 수만 있다면 못할 게 없었다. 그리고 일부 정당은 그 목적을 위해 하층 계급을 대상으로 한 포퓰리즘 정책을 (터무니없어 보일 정도로) 쏟아냈다. 그러나 이런 상황은 진정한 계급 평등을 이루기보다는 자기들의 이득을 위해 그들을 교묘하게 기만하고 조종하는 지배 계층에게 이용되기 십상이고, 현실은 역시 낙관적이지 않다.

그리고 이제 그동안 상대적인 이득을 누려온 그 위 카스트들은 자신들의 특권이 혹시라도 줄어들까봐 위기감을 느끼며 적극 반발하고 있으니, 본문에 등장하는 프로 메리트 또한 이런 '역차별'에 반대하고 나선 움직임의 하나다. 분리해서 통치하라. 명언은 이처럼 세월에도 아랑곳없이 그 힘을 발휘한다. 자, 그렇다면 이 모든 것은 그저 불운하게도 복잡한 민족적, 종교적, 계층적 구성을 가지게 된 이 거대한 나라 특유의 문제일 뿐일까? 물론 그렇지 않다. 갈등의 불씨는 그 갈등으로부터 이득을 얻는 자들의 풀무질이 있어야만 꺼지지 않고 꾸준히 유지될 수 있다. 그 이득이란 인도의 풍부한 천연자원, 그리고 사회적 불안과 혼란 속에서 성장하는 무기산업이다. 때문에 개발과 발전에서 소외되어 천연자원이 풍부한 시골지방에서 근근이 살아가던 빈민들이 오랜 터전에서 쫓겨나고, 종교 공동체 간, 계급 간, 이웃 국가 간의 끊임없는 불화와 테러, 나아가 전쟁의 위협이 상존한다. 그 모든 것은 생활 곳곳에 침투해 이제 우리가 그들 없이는 살아갈 수도 없게 된 국제적 대기업과, 가장 선한 얼굴을 한 선진국의 경제를 은밀히 먹여살리는 방위산업체들을 위해서다. 물론 자애로운 기업 자선사업의 역할도 빼놓을 수 없다. 가난한 이들을 노골적으로 압박하는 수단이 폭력이라면, 중산층을 은연중에 압박하는 수단은 "기업 독지라는 신묘한 기예"니 말이다. 눈부신 문화 프로젝트들과 으리으리한 국제적 비영리재단들이 어떻게 민영화를 뒷받침하고 기업의 약탈에 맞서는 풀뿌리운동에 침투하는가는 아룬다티 로이가 이미 본문에서 천기누설한 바 있다. "좌파진영에서 나도는 숱한 음모이론들과는 반대로, 이들은 비밀주의니 악마숭배니 프리메이슨이니 하는 것과는 거리가 멀다. 이는 기업들이 명의뿐인 회사들과 해외계좌들을 이용해 자금을 빼돌리고 관리하는 방식과 그리 다르지 않다. 그 통화가 돈이 아니라 권력이라는 사실만 빼면 말이다."

한 발짝 한 발짝, 조금씩이나마 앞으로 나아가는 세계의 진보를 믿고 싶은 선의로 가득한 사람들에게는 저자의 가차없는 진단이 어쩌면 너무 가혹하게 느껴질지도 모른다. 하지만 현실은 그보다 더 가혹해 보인다. 2014년 5월에 출간된 이 책의 말미에 실린 대중연설에서 아룬다티 로이는 '월가를 점거하라' 시위와 함께 자본주의의 총 본산인 미국에서 새로이 깨어난 희망을 이야기했다. 그러나 글 전체에서 배어나오는 희망과 전율이 무색하게도, 그 이후 3년이라는 시간 동안 세계는 끊이지 않는 갈등과 혼란 속에서 마침내 영국의 브렉시트 의결과 미국의 트럼프 대통령 당선을 보았다. 변화와 진보를 원하는 사람들이 "자본주의를 여기저기 보수하겠다고 깨작대는" 동안, 차마 차에서 뛰쳐나올 엄두를 내지 못하고 창밖을 엿보며 눈에 띄는 지형지물들이 아직 제자리에 있는지 수시로 확인하는 동안, 그렇지 않은 사람들은 조금도 망설이지 않고 자기들이 가야 할 길을 갔던 것 같다.

옮긴이의 말을 뒤늦게 마무리하는 오늘, 트럼프가 예루살렘을 이스라엘의 수도로 공표했다는 뉴스가 들려왔다. 그렇지 않아도 "중동의 화약고"라 불려온 그 예루살렘을 말이다. 당장 이슬람 근본주의 무장단체들의 테러 위협이 제기되었고, 미국 정부는 위험지역에 거주중이거나 여행중인 자국민들에게 신변 안전에 유의하라고 권고했다. 트럼프는 왜 이런 위험하고 불안한 결정을 내리는 무리수를 두었을까? 선거 유세 때 기독교 교세에 어필하기 위해 장로교 신자를 자처했던 금수저 트럼프가 크리스마스 분위기에 들떠

2000여 년 전 마구간에서 흙수저로 태어난 아기 예수에게 주는 이른 생일선물이었을까? 설마. 대선 당시 러시아의 도움을 받았다는 사실이 밝혀진 여파로 하락한 국내 지지율을 반등시키고 보수 지지층을 결집하려는 목적이었다고 보는 것이 타당하리라. 아, 아룬다티 로이가 이미 말했지. 그 식상한 정치학. 그 식상한 축구공. 이슬람 근본주의자들에게 이보다 더 좋은 기회가 또 있을까. 또 얼마나 많은 사람들이 죽어나갈까. (참, 축구공 이야기가 나왔으니 말인데, 카슈미르는 여전히 일촉즉발의 상황이다. 2016년 10월 잠무카슈미르 주의 인도군 기지가 파키스탄의 테러공격을 받아 또다시 높아진 파키스탄과의 긴장관계 속에서 인도군은 국경지대에 병력을 추가로 배치했고, 카슈미르의 주민 1만여 명은 집을 버리고 황급히 대피해야만 했다.)

그래서 이 모든 문제의 답은 자본주의를 갈아엎는 것이라고, 아룬다티 로이는 다소 무모해 보일 정도로 용감하게 선포했다. 자, 이제 어쩌면 좋을까? 자본주의를 갈아엎는다는 것이 과연 가당키나 할까? 승산 없어 보이는 싸움에 자기만족 말고 무슨 의미가 있을까? 그럴 바에는 차라리 아무리 사소한 것이라도 가능한 개선에 집중하고 소비자로서 가진 작은 권력이나마 옳게 쓰려고 노력하면서 불안감을 떨치려 애쓰는 편이 더 낫지 않을까?

계속 머릿속을 떠나지 않던 이런 의문 가운데에서 반다나 시바라는, 인도가 낳은 또다른 국제적 여성 사상가를 알게 되었다. 과학자라는 이력을 가졌음에도 특이하게 거대기업의 세계화 전략에 맞서 생태 중심의 대안적 삶을 제시하는 '지구 민주주의' 개념과 '에코 페미니즘'을 태동시킨, 풀뿌리운동의 지도자다. WTO에게 금융, 정보, 의약, 유전자까지 잠식당한 상황에서 당신들의 노력은 실패로 돌아간 것 아니냐는 인터뷰어의 물음에 대한 반다나의 대답을 나는 요즘 자주 되새기고 있다. "우리는 결코 실패하지 않았습니다. 올바른 행동을 한다는 것이 곧 성공이니까요. 실패는 당신이 할 수 있고 해야 하는데 하지 않았을 때, 그때 있는 거예요. 올바른 행위, 그것이 평화입니다."

# 주

1 파블로 네루다, 「판사들」, 『파블로 네루다 시 선집』, 일런 스태번스 편집, 2003, 229쪽(New York: Farrar, Straus and Giroux).

들어가며: 대통령이 경례를 받았다

1 「도시 범죄율 상승은 이주민 탓인가?」, 인디언익스프레스, 2013. 4. 2., http://newindianexpress.com/nation/Migrants-blamed-for-surging-crimes-in-Delhi/2013/04/22/article1555785.ece.

## 1부

1장. 자본주의: 유령 이야기

1 「무케시 암바니, 인도 최고 부자 명단서 3년 연속 1위 차지」, 『포브스 아시아』, 2010. 9. 30. 기사에 따르면 "인도의 최고 부자 100명의 순자산은 전년도 2760억 달러 대비 3000억 달러로 증가했다. 이해 인도의 부자 목록의 십억장자의 수는 전년 대비 17명 증가한 69명이었다". 인도의 2009년 국내총생산은 1조 2000억 달러였다.

2 비커스 버자즈, 「인도 부자 가문의 보금자리 되지 못한 대궐 같은 집」,

뉴욕타임스, 2011. 10. 18., http://www.nytimes.com/2011/10/19/business/global/this-luxurious-house-is-not-a-home.html.

**3** 프리드리히 엥겔스·칼 마르크스, 『공산당 선언』, 새뮤얼 무어 옮김, 1998, 17쪽(Torfaen, UK: Merlin).

**4** P. 사이나트, 「마하라슈트라 주, 농민 자살률 증가로 통계 선두 유지」, 힌두, 2012. 7. 3., www.thehindu.com/opinion/columns/sainath/article3595351.ece.

**5** 영세부문사업촉진위원회(NCEUS), 「영세부문의 노동 및 생활수준 촉진을 위한 보고서」, 인도 정부, 2007. 8. 국비 지원으로 진행된 이 연구 보고서는 비록 "지난 세기 말의 경제 부양은 인도를 들뜨게 했지만…… 국민 대다수는…… 이 들뜬 기분을 느끼지 못했다. 2004~2005년 말에 약 8억 3600만 명, 전체 인구의 77퍼센트가 하루 20루피 이하로 생활하고 있었으며 이들은 인도 비공식 경제의 대부분을 차지한다"라고 지적한다(1).

**6** 2013년 3월 현재, 포브스의 소개 페이지에 따르면 무케시 암바니의 자산 가치는 215억 달러이다. http://www.forbes.com/profile/mukesh-ambani/.

**7** 「릴라이언스, 인포텔 브로드밴드 주식 95퍼센트 매수」, 타임스 오브 인디아, 2010. 6. 11., http://articles.timesofindia.indiatimes.com/2010-06-11/telecom/28277245_1_infotel-broadband-broadband-wireless-access-spectrum-world-class-consumer-experiences.

**8** 데팔리 굽타, 「무케시 암바니 소유 인포텔 브로드밴드, 4G 운영 위해 기지국 100만 곳 이상 건설 예정」, 『이코노믹타임스』, 2012. 8. 23., http://articles.economictimes.indiatimes.com/2012-04-23/news/31387124_1_telecom-towers-largest-tower-tower-arm.

**9** 브린다 카라트, 「부족 권리 위협하는 광산과 광물」, 힌두, 2012. 5. 15., http://www.thehindu.com/opinion/lead/of-mines-minerals-and-tribal-rights/article3419034.ece.

**10** 다음을 참조하라. 마이클 르비엔, 「토지 문제: 인도의 경제특구와 토지 몰수의 정치경제학」, 『소작농 연구 저널』 39. 3~4호(2012): 933~69쪽.

**11** S. 사크티벨 · 피나키 조다르, 「인도의 영세부문 노동인구: 경향과 패턴 및 사회보장 범위」, 『이코노믹앤드폴리티컬 위클리』, 2006. 5. 27., 2107~14쪽.

**12** 「인도, 광물 채굴 사용료 인상 승인」, 『월스트리트저널』, 2009. 8. 12., http://online.wsj.com/article/SB125006823591525437.html.

**13** 인도 정부가 발주한 2009년 시골지역개발부 연구보고서, "주의 농업 담당국들과 토지개혁이라는 미완의 과업" 중에서. "새로운 접근법은 살와 주둠과 더불어 등장했다. (……) [그] 첫 자금줄들(……)은 타타와 에사르였다…… 총과 국가의 승인을 앞세운 무력 앞에 공식 통산 640곳의 마을이 헐벗은 잿더미가 되었다. 단테와다 지역 총 인구의 절반인 35만 부족민들이 강제로 이주당했고 그들의 아내와 딸들은 강간과 살해를 당했으며 젊은이들은 불구가 되었다. 정글로 도피하지 못한 이들은 살와 주둠이 운영 및 관리하는 수용소 캠프에 한데 몰아넣어졌다. 다른 이들은 계속 숲에 숨어 살거나 마하라슈트라, 안드라프라데시와 오디샤 근처의 부족구역으로 이주했다. 640곳의 마을이 비워졌다. 철광석이 나는 마을의 주민들은 실질적으로 인간이 아니라 최고 입찰가로 손에 넣을 수 있는 재산이 되었다. 현재 나돌고 있는 최신 정보에 따르면 에사르 철강과 타타 철강 모두 텅 빈 땅을 차지하고 광산을 운영할 계획에 열을 올리고 있다 한다"(161). http://www.rd.ap.gov.in/IKPLand/MRD_Committee_Report_V_01_Mar_09.pdf.

**14** P. 프라단, 「칼린가나가르에서 경찰 발포」, 시민자유연합(PUCL) 보

고, 오디샤, 2006. 4.

**15** 같은 글.

**16** 수다 라마찬드란, 「비판에 처한 정부의 대 마오주의 전쟁」, 아시아타임스 온라인, 2010. 5. 26., http://www.atimes.com/atimes/South_Asia/LE26Df02.html.

**17** 「낙살 진압작전: 정부, 1만 중앙무장경찰부대 배치 예정」, 지뉴스닷컴, 2012. 10. 30., http://zeenews.india.com/news/nation/anti-naxal-operations-govt-to-deploy-10-000-crpf-troopers_808442.html. 다음 링크도 함께 참조하라. http://indiandefence.com/threads/kanwar-yet-again-urges-army-action-on-naxals.22342/, http://news.webindia123.com/news/Articles/India/20121115/2102012.html; http://articles.timesofindia.indiatimes.com/2012-06-02/india/31983397_1_s-vireesh-prabhu-gadchiroli-naxals.

**18** 다음 보고서 참조. 국제인권감시기구, 「살인 면책권: 군사권한특별법의 50년간」, 2008. 8. 보고서에 따르면 "의심만으로" 행동할 수 있는 군사권한특별법의 권한은 잠무와 카슈미르에서 수천 명의 실종자를 발생시켰다. 실종자 다수는 "치안부대가 신원 미상의 무장세력을 매장했다고 주장하는 표지 없는 무덤들"에 누워 있는 것으로 추정된다. "인권단체들은 오래전부터 독립적 조사와 그 무덤 주인들의 신원을 밝히기 위한 법의학 검사를 요청해왔지만 정부의 응답은 아직 없다"(12).

**19** J. 발라지, 「소니 소리 사건: 국제인권감시기구, 총리에 고문에 대한 비당파적 조사 명령 요구」, 힌두, 2011. 3. 8., http://www.thehindu.com/news/states/soni-sori-case-hrw-wants-pm-to-order-impartial-probe-on-torture/article2971330.ece?ref=relatedNews. 소니 소리는 제기된 8건의 소 중 6건에 대해 무죄 판결을 받고서도 여전히 차티스가르 감옥에 갇혀 있다. 다음을 참조할 것. 수보짓 바그치, 「소

니 소리, 지역의회 수장 공격 사건에 무죄 판결」, 힌두, 2013. 5. 1., http://www.thehindu.com/news/national/soni-sori-kodopi-acquitted-of-murder-charges/article4673791.ece.

**20** 아만 세티, 「고등법원, 차티스가르서 DB Power 석탄 광산 중단 명령」, 힌두, 2001. 12. 12., http://www.thehindu.com/todays-paper/tp-national/high-court-stays-clearance-for-db-power-coal-mine-in-chhattisgarh/article2707597.ece.

**21** 산지브 Kr 바루아, 「댐은 틀렸다」, 힌두스탄타임스, 2010. 9. 2., http://www.hindustantimes.com/News-Feed/Travel/Dam-wrong/Article1-604611.aspx.

**22** 「죽음으로 치달은 카슈미르 전력 중단 시위」, 알자지라, 2012. 1. 3. http://www.aljazeera.com/news/asia/2012/01/201212181142597804.html.

**23** 「칼파사르 댐과 미티비르디 원전 부지 근접성 우려 보고서 공개」, 인디언익스프레스, 2013. 5. 3., http://www.indianexpress.com/news/-report-raised-fears-about-proximity-of-kalpsar-dam--mithivirdi-nproject-/1110913/.

**24** 비노드 K. 호세, 「무관의 황제: 나렌드라 모디의 부상」, 『캐러밴매거진』, 2012. 3. 1., http://www.caravanmagazine.in/reportage/emperor-uncrowned-narendra-modi-profile.

**25** 다음 링크를 참조하라. http://www.investindholera.com/DMICprojects.html.

**26** 드루브 카토치 육군소장 외, 「인도 육군의 인지 관리」, 육지전 연구소 세미나, 델리, 2012. 2. 21., http://www.claws.in/index.php?action=master&task=1092&u_id=36.

**27** 리디아 폴그린, 「높은 이상과 부패가 지배하는 싱크 페스티벌의 의제」,

뉴욕타임스, 2011. 11. 1., http://india.blogs.nytimes.com/2011/11/11/high-ideals-and-corruption-dominate-think-festival-agenda/. 2006년 테헬카는 낙살리즘과 농민 자살을 주제로 하는 "힘없는 이들의 정상회담"을 열었지만, 동명의 잡지에서는 토머스 프리드먼과 인도의 "광산 남작들과 부동산 거물들"이 참석한 "호화롭고 화려한 축제", 2011년 싱크 페스트를 개최했다. 장소는 "2G 이동통신 사기 관련으로 감옥에서 판결을 기다리는 남자들의 소유로 알려진 5성 리조트"였다.

**28** 라만 키르팔, 「카마트 고아 주총리, 불법 광석 채굴업자들과 뒷거래」, 퍼스트 포스트 폴리틱스, 2011. 9. 5., http://www.firstpost.com/politics/how-goas-illegal-ore-miners-are-in-league-with-cm-kamat-76437.html.

**29** 푸르니마 S. 트리파티, 「바스타르 전쟁」, 『프론트라인』 29, no. 8, 2012. 4/5. http://www.frontline.in/navigation/?type=static&page=flonnet&rdurl=fl2908/stories/20120504290803200.html.

**30** 「인도 정부, '제노사이드' 연루로 공익소송 피소」, 텔레그래프인디아, 2013. 3. 21., http://www.telegraphindia.com/1130321/jsp/nation/story_16698590.jsp#.Ud2nkuB1Pdk. 피터 코버스, 「인도령 카슈미르, 표지 없는 무덤들 속 시신들 신원 확인 계획」, 보이스 오브 아메리카, 2011. 9. 26., http://www.voanews.com/content/indian-kashmir-to-id-bodies-from-unmarked-graves-130632003/168028.html.

**31** 자이푸르 순, 「자이푸르 문학축제: 오프라 윈프리, 혼돈 속의 인도를 매혹시키다」, 인디언익스프레스, 2012. 1. 22., http://www.indianexpress.com/news/ jaipur-lit-fest-oprah-winfrey-charms-chaotic-india/902640/.

**32** 제라드 콜비, 『아버지의 뜻이 이루어지게 하소서: 아마존 정복; 넬슨 록펠러와 석유시대의 복음주의』, 1996(New York: Harper Collins).

33 "머리말: 록펠러 가문", 〈미국인의 삶〉, 공영방송공사 CPB, http://www.pbs.org/wgbh/americanexperience/features/introduction/rockefellers-introduction/. "무자비한 전쟁으로 경쟁자들을 짓밟은 록펠러는 많은 미국인들에게 불공정하고 가혹한 경제체제의 상징 같은 인물이다. 그럼에도 그는 평온하고 미덕을 중시하는 삶을 살았다. '저는 돈을 버는 능력이 신의 선물이라고 믿습니다.' 록펠러가 한 말이다. '돈을 더욱더 많이 벌어서 그 번 돈을 동료 인류에게 이롭도록 쓰는 것이 저의 소명입니다.'"

34 파블로 네루다, 「스탠더드 오일 회사」, 『민중의 노래』, 잭 슈미트 옮김, 1991, 176쪽(Berkeley: University of California Press).

35 빌 게이츠 재단의 교육 민영화 개입과 급격한 정부 지출 삭감에 대한 더 상세한 분석은 제프 베일과 사라 노프의 『교육과 자본주의: 배움과 해방을 위한 투쟁』(2012) 중 「오바마의 신자유주의적 공교육 의제」(Chicago: Haymarket Books)를 참조.

36 조앤 롤로프스, 「제3섹터(공공부문과 민간부문이 공동출자해 독립적으로 만든 합동법인 형태의 기구—옮긴이), 자본주의의 완충재」, 『먼슬리 리뷰』 47, no. 4, 1995. 9. 16쪽.

37 ———, 『재단들과 공공 정책: 다원주의의 가면』, 2003(Albany, NY: SUNY Press).

38 에릭 투생, 『돈이냐 목숨이냐: 전 지구적 금융의 독재』, 2005(Chicago: Haymarket Books).

39 조앤 롤로프스, 「제3섹터」.

40 같은 글.

41 같은 글.

42 같은 글.

43 에리카 키네츠, 「죽음의 빚으로 불어난 소액융자」, 힌두, 2012. 2.

25., http://www.thehindu.com/news/national/small-loans-add-up-to-lethal-debts/article2932670.ece.

**44** 데이비드 랜섬, 「포드 국가: 인도네시아의 엘리트 계층 구축」, 『트로이 목마: 급진적 시각으로 본 해외 원조』, 스티브 와이즈먼·태평양 연구센터 및 북미 라틴아메리카 연구협회(NACLA) 공동편집, 1975, 93~116쪽 (Palo Alto, CA: Ramparts).

**45** 후안 가브리엘 발데스, 『피노체트의 경제학자들: 칠레 경제의 시카고 학파』, 1995(New York: Cambridge University Press).

**46** 라잔데르 싱 네기, 「막사이사이 상: 아시아의 노벨상 맞나」, 『이코노믹앤드폴리티컬 위클리』 43, no. 34(2008), 14~16쪽.

**47** 나라얀 락슈만, 「월드뱅크, 반부패 정책 필요」, 힌두, 2011. 9. 1., http://www.thehindu.com/todays-paper/tp-international/world-bank-needs-antigraft-policies/article2416346.ece. 힌두와의 인터뷰에서 월드뱅크의 독립평가그룹(IEG) 연구 저자들 중 하나인 나빈 지리샨카르는 "한편으로는 정부가 압박에 대해 더 큰 투명성과 더 공개적인 정책으로 반응하게 하도록 힘을 보태 선정을 위한 요구를 키워낼 필요가 존재합니다. (……) 록팔 법안을 포함한 인도의 경험은 이런 유형의 전략과 정확히 맞아떨어지는 듯합니다"라고 말했다.

**48** 알레한드라 비베로스, 「월드뱅크, 공공봉사상 수상자 발표」, 2008. 4. 15., http://web.worldbank.org/WBSITE/EXTERNAL/NEWS/0,,contentMDK:21732141~pagePK:34370~piPK:34424~theSitePK:4607,00.html.

**49** 조앤 롤로프스, 「제3섹터」 참조.

**50** 프레스 트러스트 오브 인디아(인도 최대의 뉴스통신사—옮긴이), 「고유 식별번호 프로젝트 입찰 예고한 인포시스, 이해관계 충돌 없어」, 인디언익스프레스, 2009. 6. 27., http://www.indianexpress.com/news/

infosys-to-bid-for-uid-projects-sees-no-conflict-of-interest/481849/.

**51** 저스틴 길리스, 「빌 게이츠, 유엔세계식량계획에 더 많은 성과표 요구」, 뉴욕타임스, 2012. 2. 23., http://green.blogs.nytimes.com/2012/02/23/bill-gates-calls-for-more-accountability-on-food-programs/.

**52** 로버트 아르노브 편집, 『독지활동과 문화제국주의: 국내외의 재단들』, 1980(Boston: G. K. Hall). 도널드 피셔는 "미국 독지활동과 사회과학"이라는 제목의 평론에서 미국 재단들이 전 세계의 대학 학문들에 영향력을 미쳐 정치적 사고를 조형하는 과정을 간략히 제시한다.

**53** 다음 링크 참조. http://foundationcenter.org/find-funding.

**54** 조앤 롤로프스, 『재단과 공공 정책』 참조.

**55** 매닝 매러블, 『인종, 개혁, 그리고 저항: 블랙 아메리카의 제2의 재건과 그 너머, 1945~2006』, 2007(Jackson: University of Mississippi Press).

**56** 데빈 퍼거스, 『자유주의, 흑인 민권, 그리고 미국 정치학의 탄생, 1965~1980』, 2009(Athens: University of Georgia Press).

**57** 국방부는 웹사이트에서 킹 연구소를 링크하고 있으며, 미국에서 킹의 전설을 칭송하는 방식을 규정하는 데서 적극적 역할을 이어가고 있다.

**58** 조앤 롤로프스, 「제3섹터」 참조.

**59** P. 바이디야나탄 아이어, 「비즈니스에서 뭔가 보여줄 준비가 된 달리트 주식회사는 카스트도 때려눕힐 수 있다」, 인디언익스프레스, 2011. 12. 15., http://www.indianexpress.com/news/dalit-inc.-ready-to-show-business-can-beat-caste/888062/.

**60** 다음 링크를 참조. http://orfmumbaionline.org/about/about-orf. 옵서버 연구재단은 모디의 부상과도 직접 관련이 있다. 구글 주최 회담

에 모디가 참석한 것에 관해, 옵서버 연구재단의 한 회원은 다음과 같이 말했다. "그는 개발 문제들에 민감한 현대적 인물로 비춰지고 싶어하는데, 이번 여름 회담은 그에게 더 젊은 세대—우리가 출세지향의 인도인이라고 부르는 세대에 손을 뻗을 발판이 될 것입니다."(http://india.blogs.nytimes.com/2013/03/20/google-hosts-narendra-modi-at-tech-summit/)

**61** 다음을 참조. 「레이시온, 인도 회사들과 손잡고 기회를 노리다」, 2007. 11. 13., http://raytheon.mediaroom.com/index.php?s=43&item=870.

**62** 마르크스·엥겔스, 『공산당 선언』, 1848.

2장. 안나는 도대체 무슨 생각일까

**1** 「국회서 안나 하자레 부패 연루 의혹 제기」, 이코노믹타임스, 2011. 8. 14., http://articles.economictimes.indiatimes.com/2011-08-14/news/29886595_1_hind-swaraj-trust-anna-hazare-lokpal-bill. 다음도 참조할 것. 「P. B. 사완트, 하자레의 부패 혐의 확인」, IBN라이브, 2011. 8. 14.

**2** 하자레의 석방 직후, 텔레그래프는 하자레가 2차 "죽음을 각오한 단식" 동안 포도당과 전해질 파우더로 연명했다고 보도했다. 이 사기에 가까운 주장에 대해 하자레를 검진한 의사인 아비짓 바이디야는 다음과 같이 분석했다. "하자레가 정부를 불안정하게 만드는 데 이용당하고 있는 것이 아닌가 하는 우려가 듭니다. (……) 부패와 맞서 싸워야 하는 것은 분명하지만 하자레는 부패 못지않게 이 나라를 망쳐놓고 있는 경제적 불평등, 극심한 가난과 농민 자살 같은 다른 사회적 문제들을 거론한 적이 한 번도 없습니다." 「푸네 의사가 귀띔하는 단식의 비밀」, 텔레그래프 인디아, 2011. 8. 16., http://www.telegraphindia.com/1110817/jsp/

nation/story_14386100.jsp. 다음도 참조할 것. 「안나 하자레 사기」, 『애널리티컬 먼슬리 리뷰』, 2011. 4. 15., http://mrzine.monthlyreview.org/2011/amr150411.html.

**3** 마나스 다스굽타, 「하자레, 모디 발언 해명, 활동가들 비난은 여전」, 힌두스탄, 2011. 4. 13., http://www.thehindu.com/news/national/Hazare-clarifies-on-remarks-on-Modi-but-activists-unrelenting/article14680851.ece.

**4** 「라쉬트리아 스와얌세박 상, 노동자 기여 깎아내린 하자레 비난」, 힌두, 2012. 2. 5. http://www.thehindu.com/news/national/hazare-failed-to-recognise-workers-contribution-rss/article2863182.ece.

**5** 무쿨 샤르마, 「도덕적 권위자 만들기: 안나 하자레와 랄레간 시디의 유역 관리 계획」, 『이코노믹앤드폴리티컬 위클리』 41, no. 20, 2006. 5., 1981~88쪽.

**6** 롤라 나야르, 「돈으로 물꼬를 트다」, 『아웃룩 인디아』, 2011. 9. 19., http://www.outlookindia.com/article.aspx?278264.

3장. 죽은 남자가 말을 하다

**1** 특파원, 「미국인 방송작가 추방에 지식인들 항의」, 힌두, 2011. 9. 29. http://www.thehindu.com/news/national/intellectuals-protest-deportation-of-us-broadcasterwriter/article2497779.ece.

**2** 같은 글. "의견을 요청하자, 내무부의 한 소식통은 바사미언이 '유효비자' 없이 인도에 입국했다고 주장했다. 그러나 델리 인디라 간디 국제공항의 소식통에 따르면 바사미언은 2009년에서 2010년의 방문 시기 관광비자로 직업활동을 함으로써 비자규정을 위반했다고 한다. 따라서 출입국관리국은 차후 입국을 방지하기 위해 그를 감시명단에 등재했다. 감시

명단은 다양한 부문에서 들어오는 정보들을 기반으로 그때그때 수정되었다."

**3** 다음을 참조. 「카슈미르: 가야 할 때」, 『이코노미스트』, 2007. 4. 4., http://www.economist.com/node/8960457.

**4** 「미국인 교수, 카슈미르서 '정치적 활동' 이유로 추방」, 인디언익스프레스, 2010. 11. 4., http://www.indianexpress.com/news/us-professor-deported-for—political-activism—in-valley/706855/. 안가나 P. 샤테르지 등이 작성한 인권과 정의를 위한 국제인민재판소 관련 보도 전문은 다음에서 확인할 수 있다. 「매장된 증거: 인도령 카슈미르의 알려지지 않은, 표지 없는, 대량의 무덤들」, 2009. 11., http://www.kashmirprocess.org/reports/graves/BuriedEvidenceKashmir.pdf.

**5** 인도령 카슈미르의 인권과 정의를 위한 국제인민재판소의 보도자료는 다음을 참조하라. http://www.thekashmirwalla.com/2011/05/gautam-navlakha-denied-entry-deported-from-srinagar-airport-press-note-from-iptk/.

**6** 언론인보호위원회의 2013년도 보고를 참조하라. http://cpj.org/2013/07/for-journalist-in-chhattisgarh-justice-delayed-den.php.

**7** 쇼마 차우두리, 「소니 소리의 불편한 진실」, 『테헬카』 8, no. 41, 2011. 10., http://archive.tehelka.com/story_main50.asp?filename=Ne151011coverstory.asp.

**8** J. 벤카테산, 「대법원, 살와 주둠 불법 판결」, 힌두, 2011. 7. 5., http://www.thehindu.com/news/national/salwa-judum-is-illegal-says-supreme-court/article2161246.ece.

**9** 쿠마르의 인신보호청원 제기 후 린가람 코도피의 체포 상황을 날조했음을 차티스가르 경찰관이 인정하는 테헬카 텔레비전 영상을 참조하라.

https://www.youtube.com/watch?v=qgtBZeLIuWs&list=PLz16ahsYEHrI1wNDNb56QpDATYZx0j8qw&index=1.

**10** 쿰쿰 다스굽타, 「잡음들」, 힌두스탄타임스, 2011. 9. 20., http://www.hindustantimes.com/india/those-discordant-notes/story-APDztjuuKMZklC8RYM5PSP.html.

**11** 모후아 샤테르지·비슈와 모한, 「아자드 살해, 마오주의당 큰 타격」, 이코노믹타임스, 2010. 7. 3., http://articles.economictimes.indiatimes.com/2010-07-03/news/27581751_1_cherukuri-rajkumar-maoists-dandakaranya.

**12** 아만 세티, 「마오주의당, 아자드 후임 발표」, 힌두, 2010. 7. 21., http://www.thehindu.com/todays-paper/tp-national/maoists-announce-azads-successor/article525724.ece.

**13** 수프리야 샤르마, 「보안군이 단테와다를 유린하다?」, 타임스 오브 인디아, 2011. 3. 23., http://articles.timesofindia.indiatimes.com/2011-03-23/india/29177593_1_dantewada-villages-local-police.

**14** 다음 링크를 참조하라. http://www.youtube.com/watch?v=LR4BdBWoPC0.

**15** 「민권운동가 비나야크 센, 보석 출소」, 타임스 오브 인디아, 2009. 5. 25., http://timesofindia.indiatimes.com/india/Civil-rights-activist-Binayak-Sen-gets-bail/articleshow/4574543.cms.

**16** 쇼마 차우두리, 「의사, 국가, 그리고 불길한 사건」, 『테헬카』 5, no. 7, 2008. 2., http://www.shomachaudhury.com/the-doctor-the-state-and-a-sinister-case/.

**17** 「반스바시 체트나 아쉬람이 국가 억압에 맞서다」, 인도발전협회.

**18** 투샤 미탈, 「우리의 구세주는 어디에?」, 『테헬카』 49, no. 7, 2010. 12. 국제앰네스티 인권침해 보고서도 참조.

**19** 국제앰네스티 공식성명(2010. 11. 10.) 참조.

## 2부

### 4장. 카슈미르에 열린 불화의 열매

**1** 조 클라인, 「오바마 전격 인터뷰」, 『타임』, 2008. 10. 23., http://swampland.time.com/2008/10/23/the_full_obama_interview/.

**2** 셰릴 게이 스톨버그·짐 야들리, 「오바마, 중국 대항마로 유엔 이사회에 인도 지지」, 뉴욕타임스, 2010. 11. 8., http://www.nytimes.com/2010/11/09/world/asia/09prexy.html?pagewanted=1&hp.

**3** 유수프 자밀·리디아 폴그린, 「인도 정부기관, 두 카슈미르 여성 사인 익사 주장」, 뉴욕타임스, 2009. 12. 14., http://www.nytimes.com/2009/12/15/world/asia/15kashmir.html?fta=y. 국제인권감시기구 아시아 지부는 인도 보안군에 의한 강간 가능성을 유력시하는 보고서를 발행했다. 「카슈미르의 강간: 전쟁 범죄」, 아시아워치(인권감시기구 지부) 및 인권을 위한 의사회 공저, vol. 5, no. 9(2009), http://www.hrw.org/sites/default/files/reports/INDIA935.PDF.

**4** 특파원, 「바지랑 달, 아룬다티 로이에 경고」, 힌두, 2010. 10. 28., http://www.thehindu.com/news/national/bajrang-dals-warning-to-arundhati-roy/article853157.ece.

### 5장. 민주주의하기 딱 좋은 날이네

**1** 산디프 조시·아쇼크 쿠마르, 「아프잘 구루, 비밀 교수형에 이어 티하르 감옥에 매장」, 힌두, 2013. 2. 9., http://www.thehindu.com/news/national/afzal-guru-hanged-in-secrecy-buried-in-tihar-jail/article4396289.ece. 그의 사형 선고를 주장한 법조인들조차 그 비밀 교수형이 "인권 침해"라고 규탄했다. 마노즈 미타, 「검사, 아프잘 구루의 비

밀 교수형 인권 침해 비난」, 타임스 오브 인디아, 2013. 2. 13., http://timesofindia.indiatimes.com/india/Afzal-Gurus-secret-hanging-a-human-rights-violation-Prosecutor/articleshow/18474808.cms.

**2** 다음을 참조. 조시·쿠마르, 「아프잘 구루의 비밀 교수형」.

**3** 수메가 굴라티, 「S. A. R. 길라니, 이프티카르 외 구류중」, 인디언익스프레스, 2013. 2. 10., http://www.indianexpress.com/news/sar-geelani-iftikhar-among-those-placed-under-detention/1072061/. 결국 무죄판결을 받긴 했지만 재판중 길라니는 2001년 테러공격의 수뇌라는 혐의를 받았다.

**4** 무함마드 알리, 「무슬림 단체들, 형 집행에 정치적 동기 있어」, 힌두, 2013. 2. 11., http://www.thehindu.com/news/national/muslim-groups-see-political-motives/article4401021.ece.

6장. 아프잘 구루를 목매단 결과

**1** 아메드 알리 파야즈, 「교수형 이틀 후 통지받은 아프잘 부인」, 힌두, 2013. 2. 11. http://www.thehindu.com/news/national/otherstates/two-days-after-hanging-letter-reaches-afzals-wife/article4403636.ece. 파야즈는 "봉인과 서명으로 미루어 통지서는 사면 청원이 거부당한 지 사흘 후 혹은 2월 6일에 작성되었으며 처형을 겨우 하루 앞두고 발송되었음이 분명하다"고 지적하며 뒤늦은 통지가 고의적이었음을 명확히 지적한다.

**2** 「카슈미르서 아프잘 구루 형 집행 후 한 달 새 민간인 부상자 350명, 군인 부상자 150명, 사망자 4명 발생」, 카슈미르 왈라 보도국, 2013. 3. 10., http://www.thekashmirwalla.com/2013/03/kashmir-350-civilians-150-cops-injured-4-dead/.

**3** 다음을 참조. 「국회의사당 테러범 아프잘 구루에 대한 대법원 판결 전

문」, 온라인판: 「아프잘 구루 보고서」, IBNlive.in.com, 2013. 2. 9., http://ibnlive.in.com/news/full-text-supreme-court-judgement-on-parliament-attack-convict-afzal-guru/371782-3.html. 다음 두 책도 함께 참조하라. 아룬다티 로이 편집, 『인도 국회의사당의 기묘한 공격 사건을 읽다』, 2006., 니르말랑슈 무케르지, 『12월 13일: 민주주의를 둘러싼 공포』, 2005.

**4** 「실제 공격에만 가담하지 않았을 뿐 그는 모든 일을 했다……」, 인디언 익스프레스, 2013. 2. 10., http://www.indianexpress.com/news/-short-of-participating-in-the-actual-attack-he-did-everything…-/1072027/.

**5** "자백을 배제하면 [아프잘이] 테러리스트 갱단이나 조직의 일원이라는 증거는 없다. 첨언하자면 심지어 자백 진술에 의거해도, 테러리스트 갱단이나 조직의 소속원이라는 것조차 분명한 사실로 확신하기 어렵다고 할 수 있다.", 「아프잘 구루 보고서」.

**6** 프라빈 스와미, 「잠무와 카슈미르 테러리즘의 이론과 실제」, 『인디아리뷰』 2, 2003. 7. 다음도 함께 참조. 무하마드 아미르 라나, 『파키스탄 지하디 조직 A~Z』, 2004.

**7** 유그 모히트 초드리, 「발완 싱 라조아나의 교수형에 반대한다」, 힌두, 2012. 3. 29., http://www.thehindu.com/opinion/op-ed/article3255057.ece.

**8** 그 교수형이 얼마나 의도적이었는지를 알려주는 새로운 증거는 다음을 참조하라. 「이슈라트 조사관, 국회의사당 공격과 11/26 뭄바이 테러 배후는 정부」, 타임스 오브 인디아, 2013. 7. 14., http://timesofindia.indiatimes.com/india/Govt-behind-Parliament-attack-26/11-Ishrat-probe-officer/articleshow/21062116.cms.

**9** 바샤라트 마수드, 「카슈미르의 그랜드 (상임) 무프티」, 인디언익스프레

스, 2013. 2. 7., http://m.indianexpress.com/news/the-grand-(standing)-mufti-of-kashmir/1070526/. 다음 두 링크도 함께 참조하라. http://m.indianexpress.com/news/j-k-lawyer-to-challenge-grand-mufti-s-status/1070521/ 그리고 http://bigstory.ap.org/article/kashmir-girl-band-breaks-after-threats.

**10** 아이자즈 후세인, 「카슈미르 경찰, 핵전쟁 생존 요령 발표」, 미국연합통신, 2013. 1. 22., http://bigstory.ap.org/article/india-warns-kashmiris-possible-nuclear-attack.

마치며: 피플스유니버시티 강연

**1** 안드레아 샬라이-에사, 「사우디 거래로 2011년도 미 무기 매출액 663억 달러 기록」, 영국 로이터통신, 2012. 8. 27., http://uk.reuters.com/article/2012/08/27/uk-usa-arms-sales-idUKBRE87Q0UT20120827.

**2** 스테판 P. 코언·수닐 다스굽타, 「인도 무기 판매」, 『포린어페어스』, 2011. 3~4., https://www.foreignaffairs.com/articles/india/2011-02-18/arms-sales-india.

**3** 「무케시 암바니, 인도 최대 부자 명단서 3년 연속 1위 차지」, 『포브스 아시아』 2010. 9. 30. 기사에 따르면 "인도 최대 부자 100명의 순자산은 전년도의 2760억 달러에서 3000억 달러로 증가했다. 올해 인도 부자 명단에는 전년도보다 17명 더 많은 69명의 십억장자들이 올랐"다. 인도의 2009년 국내총생산은 1조 2000억 달러였다.

**4** P. 사이나트, 「마하라슈트라 주, 농민 자살률 증가로 여전히 통계 선두 유지」, 힌두, 2012. 7. 3., www.thehindu.com/opinion/columns/sainath/article3595351.ece.

지은이 **아룬다티 로이**

1961년 메갈라야 실롱에서 태어났다. 1997년 첫 장편소설 『작은 것들의 신』으로 부커상을 수상하며 일약 세계적인 작가로 발돋움했다. 1988년 「상상력의 종말」을 발표하며 사회운동가로서 본격적인 활동을 시작했다. 『생존의 비용』 『권력의 정치학』 『전쟁이야기』 『보통 사람들을 위한 제국 가이드』 『제국 시대의 대중 권력』 등 인도 사회와 세계의 여러 이슈에 대해 목소리를 내고 있다. 라난 재단의 문화자유상, 시드니 평화상, 노먼 메일러 집필상을 수상했고, 『타임』 선정 '세계에서 가장 영향력 있는 100인'에 이름을 올렸다.

옮긴이 **김지선**

서울에서 태어나 서강대학교 영문학과를 졸업하고 출판사 편집자로 근무했다. 현재 번역가로 활동하고 있다. 옮긴 책으로는 『반대자의 초상』 『기사도에서 테러리즘까지: 전쟁과 남성성의 변화』 『필립 볼의 형태학 3부작: 흐름』 『여러분, 죽을 준비 했나요』 『사랑의 탄생: 혼란과 매혹의 역사』 등이 있다.


자본주의: 유령 이야기

초판 인쇄 2018년 4월 2일
초판 발행 2018년 4월 10일

지은이 아룬다티 로이 | 옮긴이 김지선 | 펴낸이 염현숙
책임편집 이경록 | 독자모니터 황도옥
디자인 김선미 이주영 | 마케팅 정민호 이숙재 정현민 김도윤 오혜림 안남영
홍보 김희숙 김상만 이천희 | 저작권 한문숙 김지영
제작 강신은 김동욱 임현식 | 제작처 한영문화사(인쇄) 경일제책(제본)

펴낸곳 (주)문학동네
출판등록 1993년 10월 22일 제406-2003-000045호
주소 10881 경기도 파주시 회동길 210
전자우편 editor@munhak.com | 대표전화 031) 955-8888 | 팩스 031) 955-8855
문의전화 031) 955-3578(마케팅), 031) 955-3572(편집)
문학동네카페 http://cafe.naver.com/mhdn | 트위터 @munhakdongne

ISBN 978-89-546-4994-0 03300





www.munhak.com